Für Juliette, Théophile, Clémence,
Sylvain, Adèle, Elsa.
V. A.

Ich danke Hervé, Alain und Élisabeth,
René, André und Familie Pillard.
E. T.

In derselben Reihe:
Käfer, Katze, Krokodil

Layout: Cédric Ramadier
Wissenschaftliche Beratung: Dr. Paule Lacroix, Agraringenieurin
Die Originalausgabe erschien 2010 unter dem Titel
Inventaire illustré des fruits et légumes bei Albin Michel Jeunesse, Paris

Übersetzung: Cornelia Panzacchi
Lektorat: Margot Wilhelmi
Printed in China
www.gerstenberg-verlag.de
ISBN 978-3-8369-5364-1

Virginie Aladjidi & Emmanuelle Tchoukriel

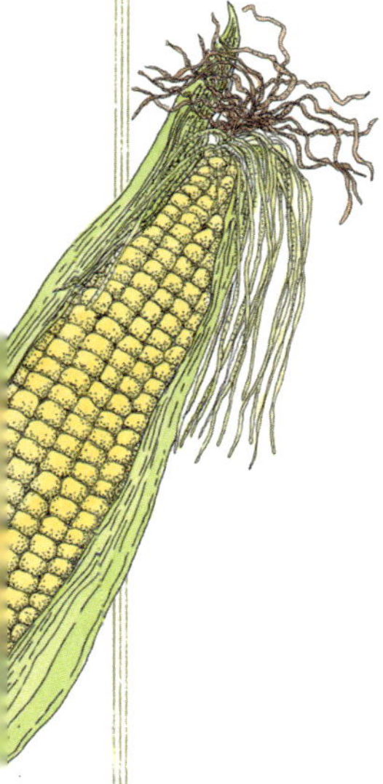

Kiwi, Kürbis, Kokosnuss

100 x Obst und Gemüse

GERSTENBERG

VORWORT

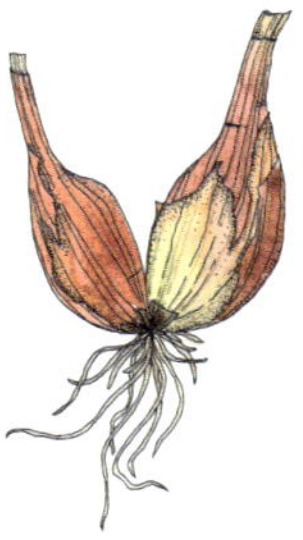

Willkommen in der Welt der essbaren Pflanzen!

In diesem Buch werden Pflanzen vorgestellt, deren Früchte, Wurzeln, Knollen oder Zwiebeln, Stängel, Blätter, Samen oder sogar Blüten man essen kann. Obst und Gemüse wurden dabei nicht getrennt – wichtig war uns vor allem, dass sie farblich zusammenpassen und das Auge erfreuen.

Der Begriff »Frucht« wird hier in seiner botanischen Bedeutung verwendet: Botaniker verstehen darunter eine Blüte im Zustand der Samenreife, die Frucht kann neben dem Fruchtknoten auch weitere Teile der Blüte umfassen. Der Stempel, das weibliche Fortpflanzungsorgan der Blüte, verfügt über einen oder mehrere Fruchtknoten, die jeweils eine oder mehrere Samenanlagen enthalten. Damit diese befruchtet werden können, müssen Pollenkörner auf die Narbe fallen – entweder aus den Staubbeuteln derselben Blüte oder einer anderen. Der Pollen wird durch den Wind oder durch Tiere, meistens Insekten, zur Pflanze gebracht. Die Bestäubung ist Grundvoraussetzung für die Entstehung von Früchten. Nach ihrer Befruchtung entwickeln sich die Samenanlagen zu Samen. Um sie herum bilden sich als schützende Hülle Fruchtfleisch und Schale – die Frucht.

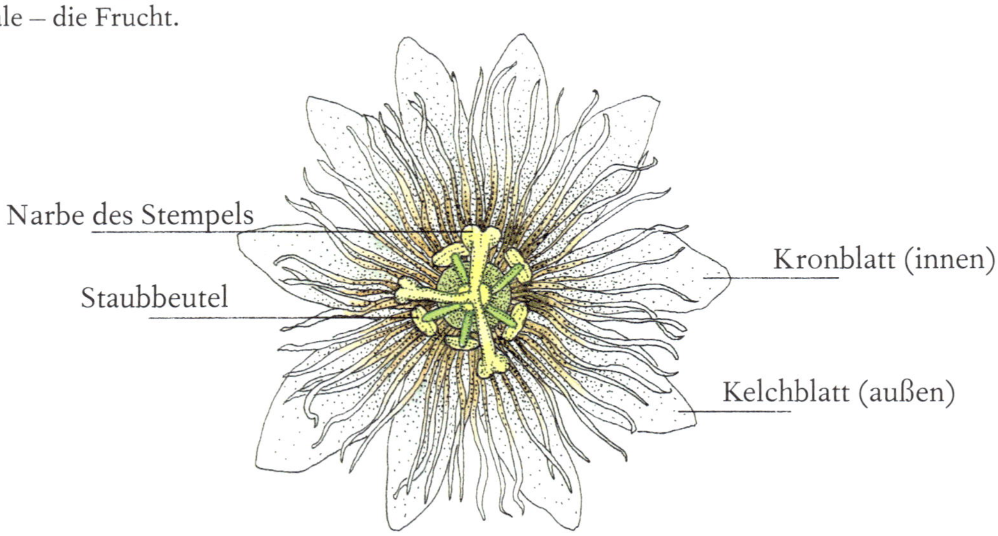

Der Begriff »Gemüse« dagegen ist kulinarischer Natur. So werden Tomaten und Auberginen, die im botanischen Sinn Früchte sind, als Gemüse bezeichnet, weil man sie normalerweise als Zutat für herzhafte, also nicht süße Gerichte verwendet.

Unter den hier gezeigten Früchten sind Steinfrüchte (Früchte, bei denen der Samen von einem verholzten Kern umschlossen ist), Beeren (ohne verholzten Kern, mit fleischiger Fruchtwand und meist mehreren Samen), Schalenfrüchte (mit harter Schale) und andere mehr. Aus der Gruppe der Gemüsearten wählten wir unter anderem Hülsenfrüchte, grünes Gemüse, Wurzelgemüse und Knollengemüse.

Außerdem wird man hier auch Pflanzenteile finden, die eine komplexere Zubereitung erfordern, bevor sie genießbar sind: die Blätter des Teestrauchs, die Kirschen der Kaffeepflanze und die Samen des Kakaobaums, aus denen Tee, Kaffeebohnen und Kakao hergestellt werden.

Auch für uns ungewohnte Nutzpflanzen wurden mit eingeschlossen: essbare Algen, die am Meeresboden wachsen.

Schließlich wird man in diesem Buch auch wohlschmeckende Wald- und Wiesenbewohner finden, die keine Pflanzen sind: die Pilze, die nicht zum Pflanzenreich gezählt werden.

Der Anblick der schönen Pflanzen und ihrer Früchte, Blätter und Blüten soll Lust machen … darauf, sie zu essen, aber auch darauf, diese Vielfalt der Natur zu erhalten.

Der auf wissenschaftliche Illustrationen spezialisierten Künstlerin Emmanuelle Tchoukriel gelingt es, die Obst- und Gemüsearten mit Rotring-Zeichenstift und Aquarellfarben nicht nur naturgetreu darzustellen, sondern auch, ihre natürlichen Formen und Farben zu erhalten. Sie hat sie in Gärten und auf Märkten lange studiert, sie skizziert … und mitunter auch genussvoll hineingebissen.

Wenn man nahe genug an die Seite herangeht, kann man die süßen oder würzigen Aromen der einheimischen oder exotischen Pflanzen und Früchte förmlich riechen!

Virginie Aladjidi

PS: Uns war es vor allem wichtig, die Tiere und Pflanzen farbgetreu wiederzugeben und sie so darzustellen, wie sie sich anfühlen. Dabei wurden die Größenverhältnisse nicht unbedingt eingehalten. Außerdem haben wir uns dafür entschieden, die wissenschaftlichen Namen der Pflanzen anzugeben, auf denen die Früchte wachsen, also zum Beispiel *Pyrus communis* bei der Birne.

Honigmelone

Frucht der gleichnamigen Pflanze

Cucumis melo

Ebenso wie Zucchini und Gurken zählt diese Pflanze zu den Kürbisgewächsen. Ihre Ranken liegen am Boden oder klettern an Mauern und Spalieren hoch, an die sie sich mit feinen, spiralförmigen Ausläufern festklammern. Die süße, aromatische Frucht hat viele Kerne.

Biene

Karotte oder Möhre

Wurzel der gleichnamigen Pflanze

Daucus carota

Diese Pflanze hat kleine, gefiederte Blätter. Die Karotten der bekanntesten Sorten sind lang und orangefarben, aber es gibt auch rote, weiße, gelbe und kugelige Züchtungen. Man kann Karotten gekocht oder roh essen, es gibt auch Rezepte für Karottenmarmelade und Karottenkuchen.

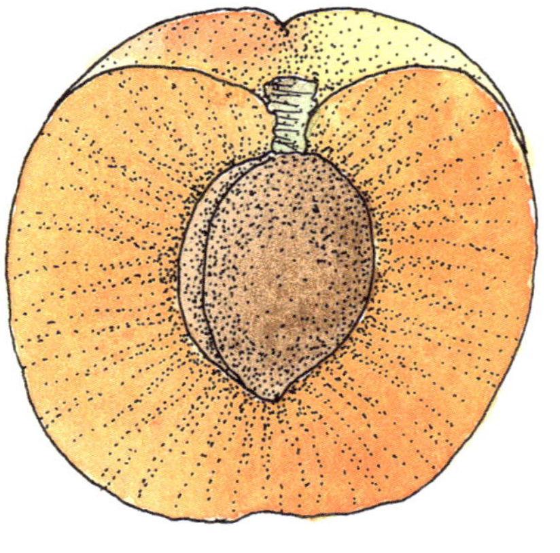

Aprikose

Frucht des Aprikosenbaums

Prunus armeniaca

Die Aprikose oder auch Marille, wie die Frucht in Bayern und Österreich genannt wird, hat eine samtige Haut und einen harten, verholzten Kern. Im Inneren des Kerns ist der Samen, die Aprikosenmandel. Wenn man beim Kochen zu einem Kilogramm Aprikosen eine Aprikosenmandel dazugibt, verleiht sie der Marmelade ein köstliches Aroma.

Zwiebel

Zwiebel der gleichnamigen Pflanze

Allium cepa

Die Zwiebel der Zwiebelpflanze besteht aus mehreren fleischigen Schichten. Jede Schicht ist der dicke untere Teil eines Blattes. Wenn man Zwiebeln schneidet, werden Stoffe freigesetzt, die unsere Augen reizen und zum Tränen bringen.

Abb. 1

Gartenkürbis

Cucurbita pepo

Türkenturban oder Bischofsmütze

Cucurbita maxima

Abb. 2

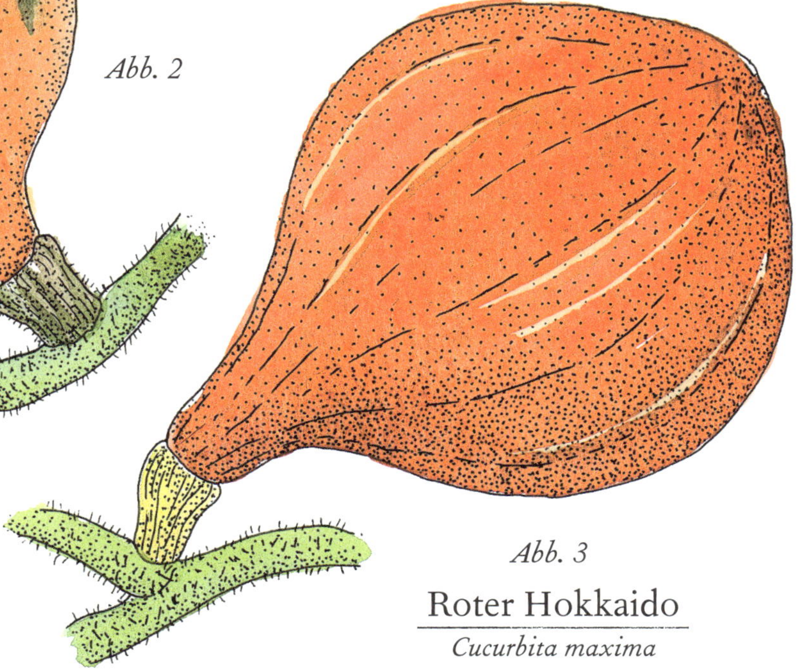

Abb. 3

Roter Hokkaido

Cucurbita maxima

Abb. 4

Potiron-Kürbis

Cucurbita maxima

Kürbis

Frucht der gleichnamigen Pflanze

Aus den leicht süßlich schmeckenden Kürbissen kann man Suppen, Kuchen und Marmeladen zubereiten und aus den Kernen Öl gewinnen. Geröstet sind die Kerne eine leckere Knabberei. Zuchtformen derselben Art können sehr unterschiedlich geformte Früchte hervorbringen.

Mandarine

Frucht des Mandarinenbaums

Citrus deliciosa

Diese Zitrusfrucht besitzt eine dünne Schale und hat Kerne. Ihr Fleisch schmeckt süß und ein wenig säuerlich.

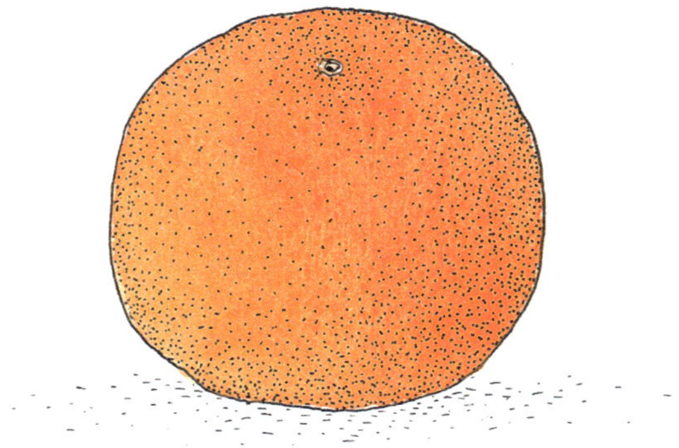

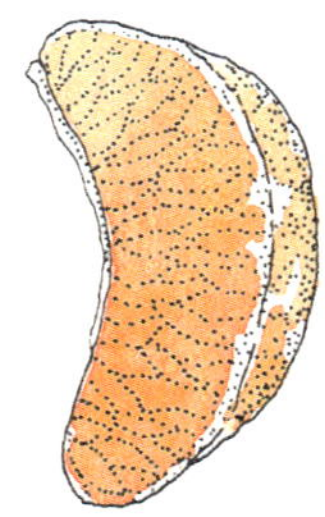

Clementine

Frucht des Clementinenbaums

Citrus deliciosa

Man weiß nicht genau, ob diese Zitrusfrucht eine Kreuzung zwischen Mandarine und einer anderen verwandten Frucht oder aber eine natürliche Variante der Mandarine ist. Die Clementine ist allerdings kernlos oder hat nur wenige Kerne.

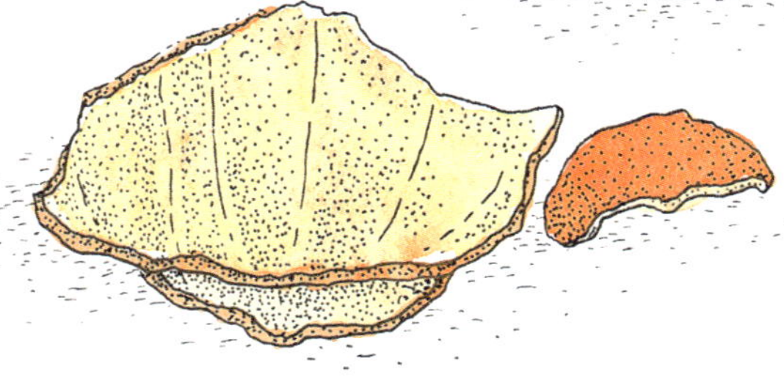

Orange

Frucht des Orangenbaums

Citrus sinensis

Die säuerliche Frucht, eine Beere, ist meist in zwölf Segmente unterteilt. Es gibt Sorten mit und Sorten ohne Kerne. Der Name der Farbe Orange ist von der Frucht abgeleitet.

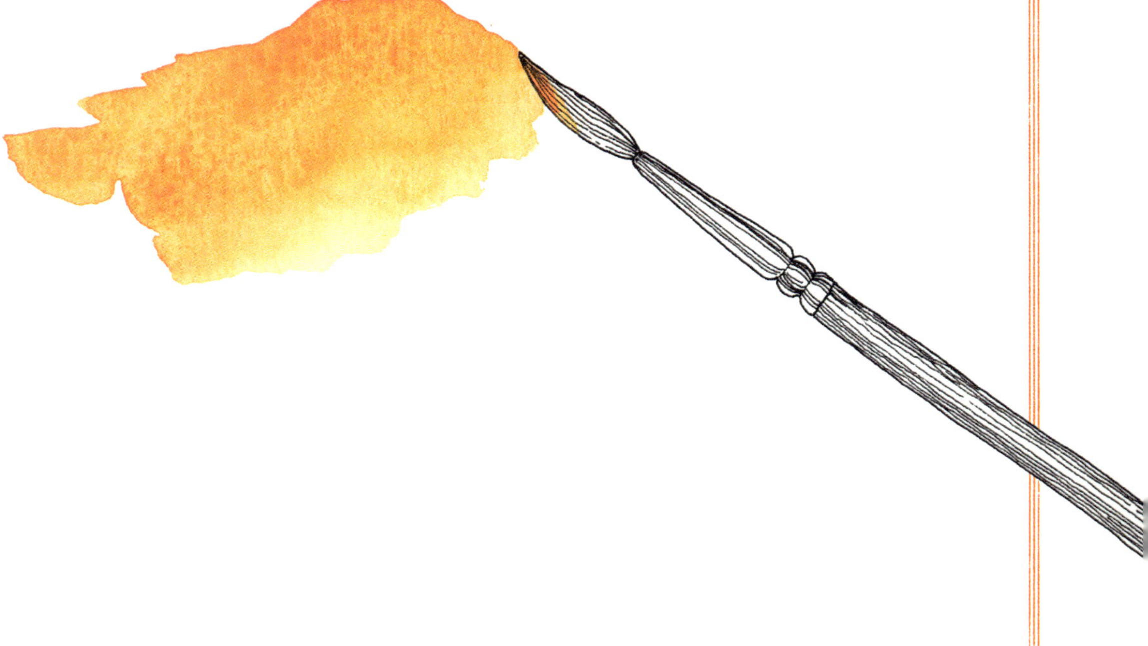

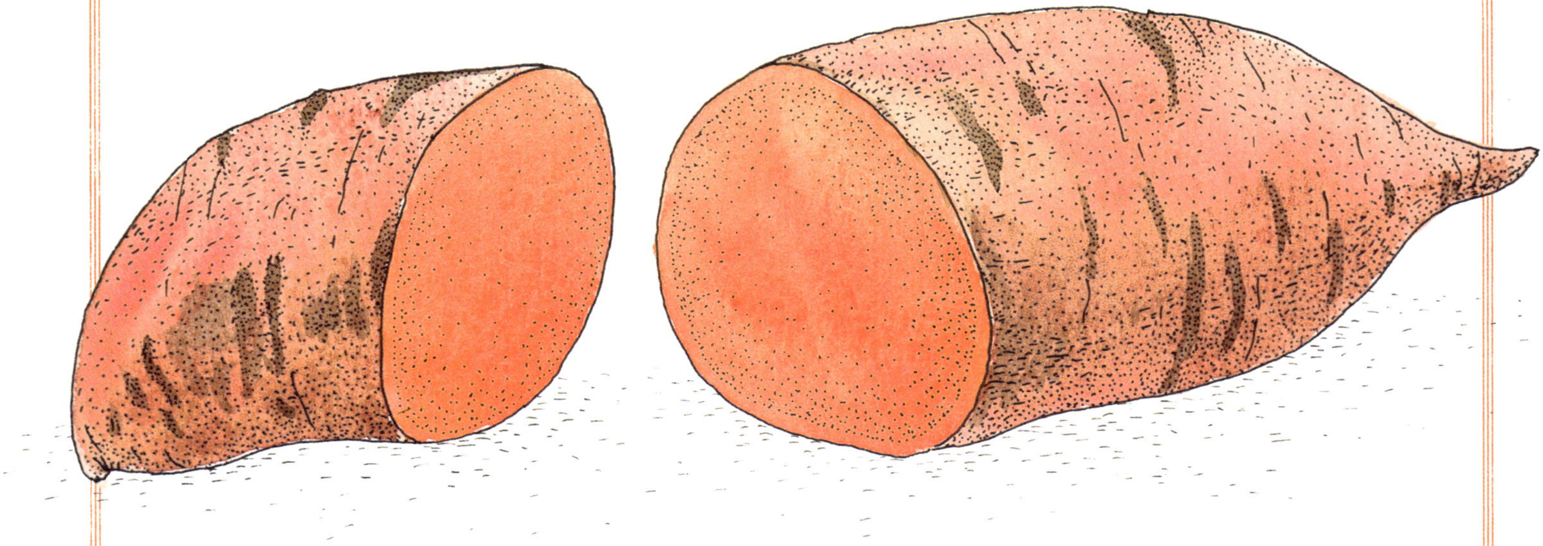

Süßkartoffel

Wurzelknolle der gleichnamigen Pflanze

Ipomoea batatas

Ihre dünne Rinde kann weiß, aber auch dunkler bis hin zu bräunlich-violett sein. Das Fleisch ist weißlich oder orangefarben. Ebenso wie die Kartoffel ist auch sie eine Knolle, also ein unterirdisches Organ, das für die Pflanze Nährstoffe speichert. Sie enthält viel Stärke und schmeckt süßer als die gewöhnliche Kartoffel. Man isst sie vor allem in Afrika, Asien und auf den Pazifischen Inseln.

Papaya

Frucht des Papayabaums

Carica papaya

Noch grüne Papayas werden wie Gemüse gekocht und zubereitet. Wenn sie fast vollständig orangefarben ist, ist die Frucht reif. Vor dem Essen entfernt man die Schale und die kleinen schwarzen, glänzenden Kerne.

Réunion-Schwarzkehlchen

Kaki

Frucht des Kakibaums

Diospyros kaki

Wahrscheinlich gibt es Tausende von Kakisorten. Man isst die Früchte nur, wenn sie einen ganz bestimmten Reifegrad erreicht haben: Vor diesem Stadium schmecken sie unangenehm bitter und danach sind sie beinahe schon verfault. Es ist nicht einfach, den richtigen Moment abzupassen. Eine kernlose Zuchtform ist die Sharon.

– *Tafel 10* –

Tomate

Frucht der gleichnamigen Pflanze

Lycopersicon esculentum

Inzwischen essen wir diese Frucht als Gemüse, doch früher sah man den »Liebesapfel« als reine Zierpflanze an. Man dachte nämlich, die aus den Anden nach Europa eingeführte Pflanze sei giftig. Heute gibt es die unterschiedlichsten Sorten, die sich durch Form, Farbe und Größe der Früchte unterscheiden.

Marienkäfer

Kaffeebohne

Samen des Kaffeestrauchs

Arten der Gattung *Coffea*

Die Früchte, Kaffeekirschen genannt, sind zunächst grün und es dauert sechs bis zwölf Monate, bis sie erst gelb und dann scharlachrot werden.

Jede Frucht enthält zwei weißliche Samen, die Kaffeebohnen. Nach dem Pflücken wird das Fruchtfleisch der reifen Kirschen entfernt. Wenn man die Samen trocknet, nehmen sie eine graugrüne Farbe an. Durch das Rösten werden sie doppelt so groß und schön kaffeebraun. Die Röstung ist abgeschlossen, wenn die Samen aromatisch duften. Durch Mahlen der »Bohnen« erhält man das Kaffeepulver.

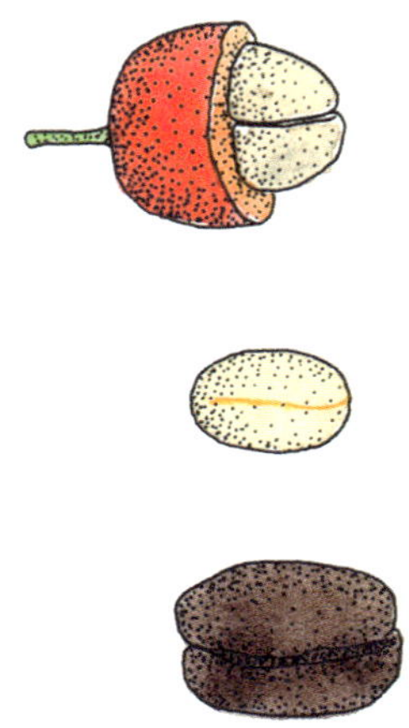

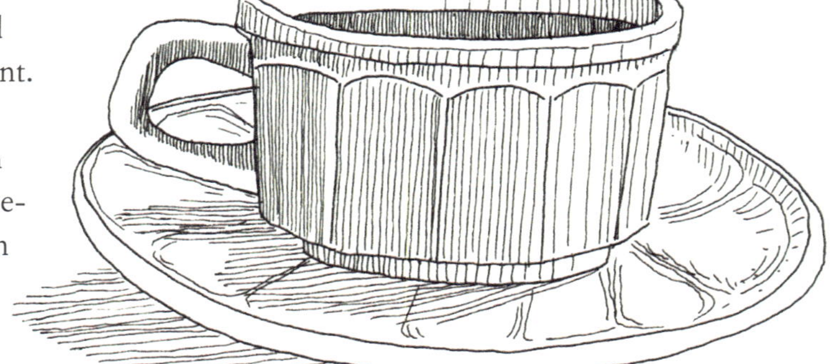

Paprika

Frucht der gleichnamigen Pflanze

Capsicum annuum

Von dieser Art gibt es die unterschiedlichsten Sorten: Sie können süß oder auch sehr scharf schmeckende Früchte hervorbringen. Paprikas sind immer hohl und enthalten zahlreiche kleine Kerne. Die Farbe ist je nach Sorte und Reifegrad verschieden. Gewöhnlich wird die Paprika im Reifeprozess erst grün, dann gelb und schließlich rot.

Himbeere

Frucht des Himbeerstrauchs

Rubus idaeus

Die einzelne Himbeere besteht aus einer Gruppe von winzigen, behaarten Früchten, die alle aus je einem Fruchtknoten derselben weiblichen Blüte entstanden sind.

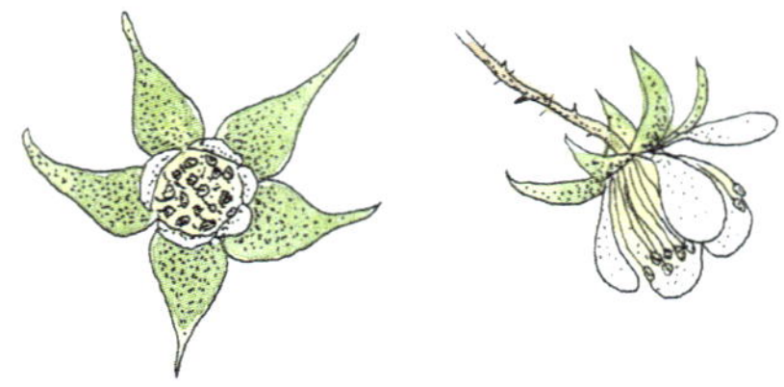

Erdbeere

Frucht der Erdbeerstaude

Arten der Gattung *Fragaria*

Was wir als Erdbeere bezeichnen, ist eine sogenannte Scheinfrucht, denn die eigentlichen Früchte der Pflanze sind die winzigen Nüsschen, die man an der Oberfläche der Erdbeere sehen kann. Erdbeeren schmecken süß und saftig. Man unterscheidet über 600 verschiedene Arten.

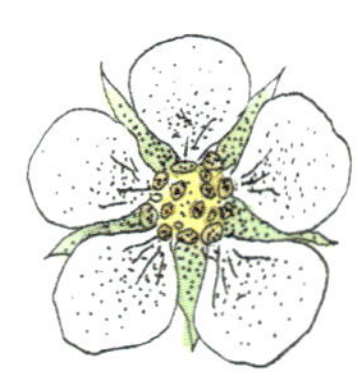

Rote Johannisbeere

Frucht des Johannisbeerstrauchs

Ribes rubrum

Die Beeren wachsen an Sträuchern und sind meist leuchtend rot, gelegentlich aber auch rosafarben oder weiß. Sie bilden kleine Trauben, die Vögel und Insekten anlocken.

Libelle

Kirsche

Frucht des Kirschbaums

Prunus cerasus und *Prunus avium*

Die Kirsche ist eine Steinfrucht, die an einem langen Stiel hängt. Die beiden Arten Sauerkirsche *(P. cerasus)* und Süßkirsche *(P. avium)* unterscheiden sich im Geschmack voneinander. Ein Kirschbaum trägt im Jahr 20 bis 50 Kilogramm der köstlichen Früchte.

Amsel

Gewürze

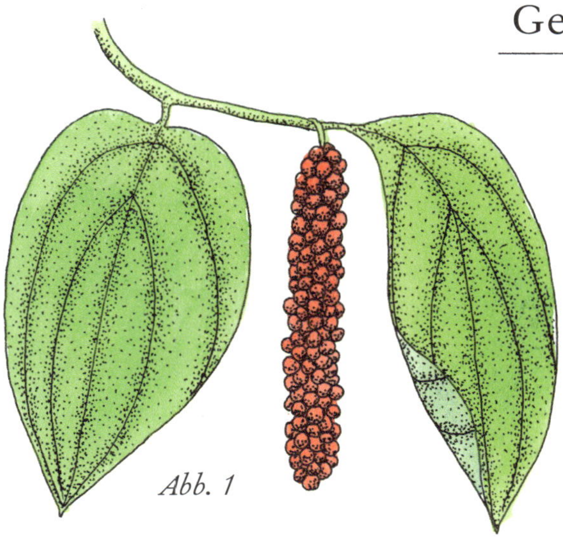

Abb. 1

Pfeffer

Frucht des Pfefferstrauchs

Piper nigrum

Pfefferkörner sind Beeren. Die Farbe der trockenen Pfefferkörner hängt davon ab, wann sie gepflückt und wie sie anschließend behandelt wurden.

Abb. 2

Safran

Stempel der gleichnamigen Blume

Crocus sativa

Die drei orangeroten Stempelfäden der Blüte werden gesammelt und getrocknet. Safran hat ein feines Aroma und färbt die Speisen gelb.

Abb. 3

Tabasco

Frucht der gleichnamigen Pflanze

Capsicum frutescens

Diese Chili-Art ist sehr scharf und wird als Gewürz oder für Tabasco-Soße verwendet. Ein Schluck Milch kann das Brennen im Mund lindern, wenn man zu scharf gegessen hat.

Abb. 4

Rosa Pfeffer

Frucht des Brasilianischen Pfefferbaums

Schinus terebinthifolius

Dies ist kein echter Pfeffer, er wird aber oft zum weißen, schwarzen und grünen Pfeffer in die Pfeffermühle gegeben.

Pomelo

Frucht der gleichnamigen Pflanze

Citrus x paradisi

Diese Frucht, die in Trauben am Baum heranreift, besitzt eine dicke gelbe oder rosa marmorierte Haut. Das leicht bitter schmeckende Fruchtfleisch ist gelb bis rosa. Häufig wird die Pomelo mit der Pampelmuse verwechselt, die aber dicker, saurer und bitterer ist. Tatsächlich ging sie aus einer Kreuzung zwischen Pampelmuse und Grapefruit hervor.

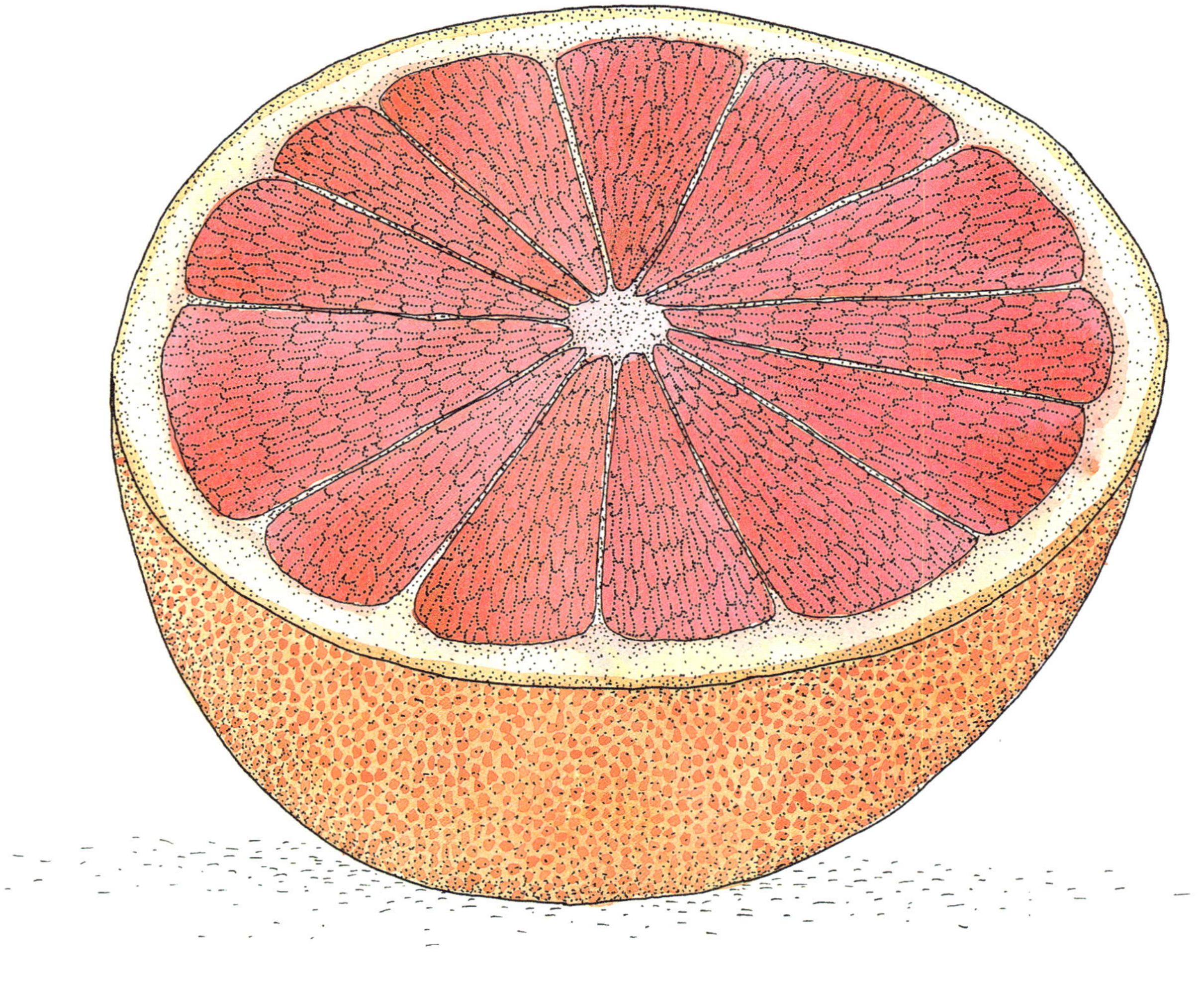

Pfirsich

Frucht des Pfirsichbaums

Prunus persica

Der Pfirsich ist eine Steinfrucht. Durch die flaumige Haut lässt er sich leicht von der glatten Nektarine unterscheiden. Bereits vor 2500 Jahren wurden in China Pfirsiche angebaut. Die heute erhältlichen Sorten haben gelbes, weißes oder rotes Fleisch und können rund oder flach sein.

Wassermelone

Frucht der gleichnamigen Pflanze

Citrullus lanatus

Die Wassermelone ist eine sehr große runde oder ovale Beere und hat gewöhnlich viele Kerne. Zu über 90 Prozent besteht sie aus Wasser. Deshalb ist sie ein hervorragender kalorienarmer Durstlöscher. Man aß sie bereits im alten Ägypten.

Rettich

Wurzel der gleichnamigen Pflanze

Raphanus sativus

Ein Rettich, der im Laufe seines Wachstums wenig gewässert wurde, schmeckt schärfer als einer, der gut gegossen wurde. Zu den zahlreichen Sorten zählen die kleinen roten Radieschen, der Schwarze Winterrettich und der milde japanische Daikon.

Litschi

Frucht des Litschibaums

Litchi chinensis

Reife Litschis sind leuchtend rot. Bevor man die Frucht isst, muss man die ledrige, warzige Haut entfernen. Verzehrt wird nur das weiße, saftige Fruchtfleisch, denn der braune Kern ist giftig.

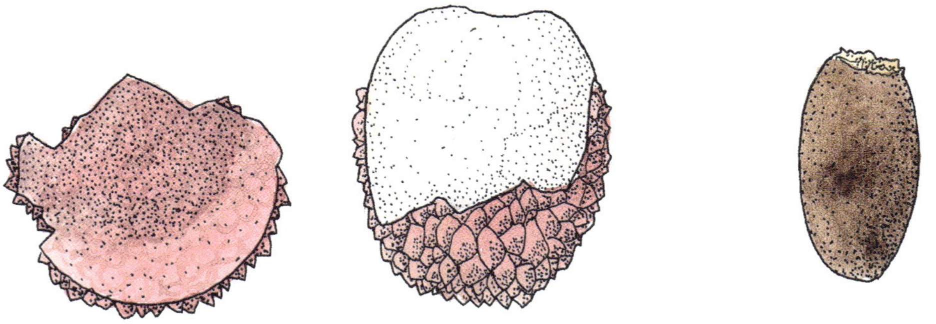

Essbare Algen

Zwei Rotalgen, eine Braunalge und eine Grünalge sind zum Verzehr geeignet.

Abb. 1

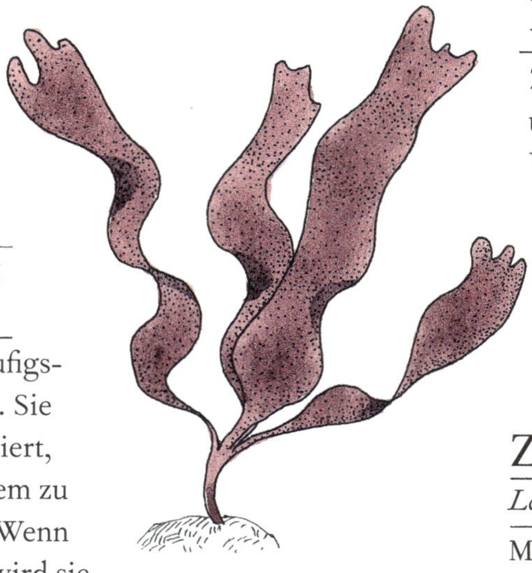

Nori

Arten der Gattung *Porphyra*

Nori ist die am häufigsten verzehrte Alge. Sie wird gebraten, püriert, zu Tee und vor allem zu Sushi verarbeitet. Wenn man sie trocknet, wird sie schwarz.

Abb. 2

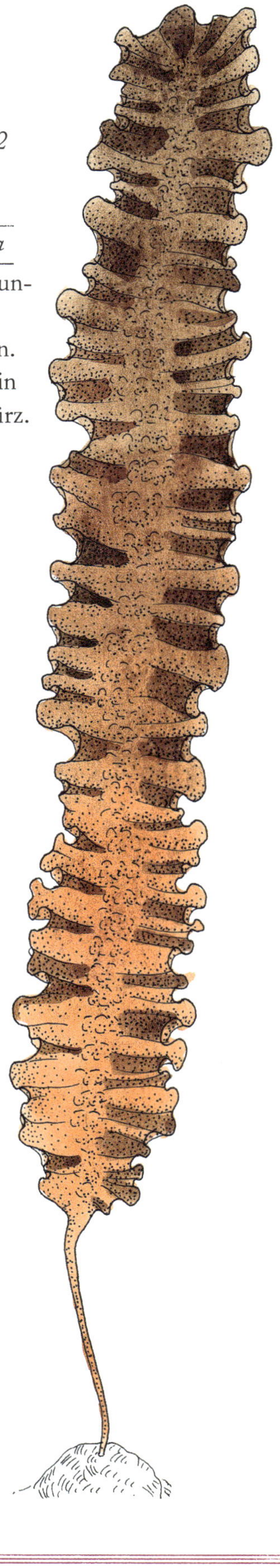

Zuckertang

Laminaria saccharina

Man kauft diese Braunalge getrocknet und in Stücke geschnitten. Verwendet wird sie in Soßen und als Gewürz.

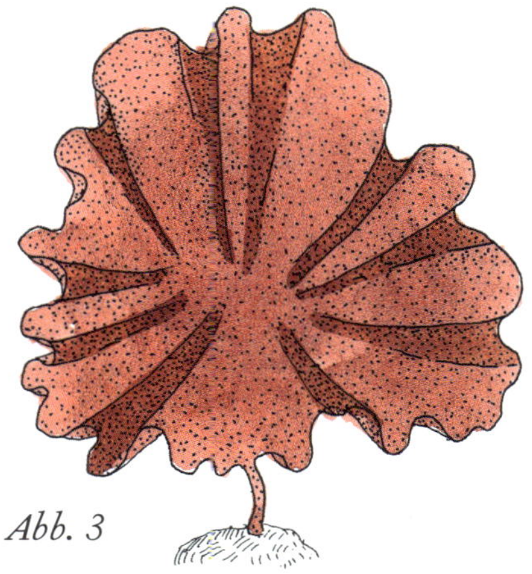

Abb. 3

Taschenkrebs

Lappentang

Palmaria palmata

Diese mild schmeckende Alge ist roh sehr knackig und zergeht nach kurzem Kochen auf der Zunge.

Abb. 4

Meersalat

Ulva lactuca

In Aussehen und Geschmack ähnelt diese Grünalge dem Kopfsalat.

Feige

Frucht der Echten Feige

Ficus carica

Die reife Feige bildet eine fleischige Hülle, in deren Innerem die zahlreichen kleinen Steinfrüchte heranreifen. Jede Frucht in diesem Verband wurde von einer winzigen Blüte hervorgebracht.

Kaktusfeige

Frucht des Feigenkaktus

Opuntia ficus-indica

Der Feigenkaktus besitzt große, platte Blattsprosse. Die Früchte sind fleischige Beeren. Bei manchen Arten sind sie mit Stacheln besetzt, aber es gibt auch Sorten mit Früchten ohne Stacheln.

Mango

Frucht des Mangobaums

Mangifera indica

Die Mango hängt an einem langen Stiel vom Ast des Mangobaums. Ihr flacher Kern lässt sich nicht leicht vom Fruchtfleisch lösen. Sie ist aromatisch, saftig und süß und enthält viel Vitamin C.

Gecko

Granatapfel

Frucht der gleichnamigen Pflanze

Punica granatum

Wenn man auf ihre ledrige Schale klopft und dies einen metallischen Klang erzeugt, ist diese Frucht reif. Verzehrt wird das granatrote Fleisch, das die einzelnen kleinen Samen im Inneren der Frucht umgibt. Man gewinnt aus diesem Fruchtfleisch auch Saft und Grenadine, einen Sirup.

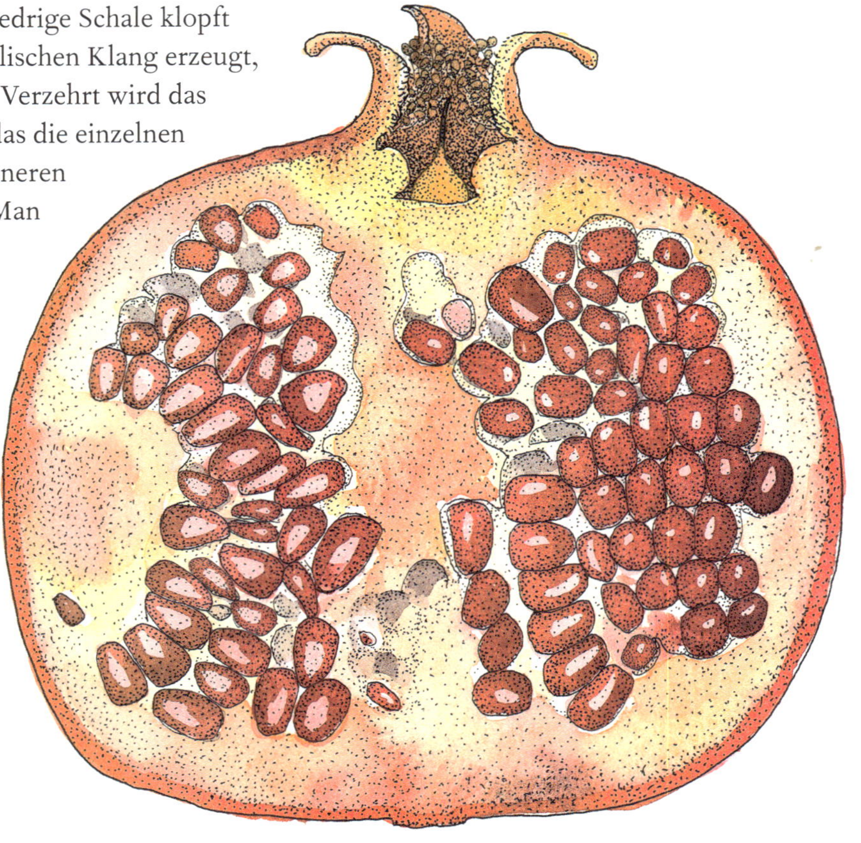

Passionsfrucht oder Maracuja

Frucht der Passionsblume

Passiflora edulis

Von den essbaren Arten der Passionsfrüchte verzehrt man die knusprigen Kerne und das sie umgebende saftige Fruchtfleisch.

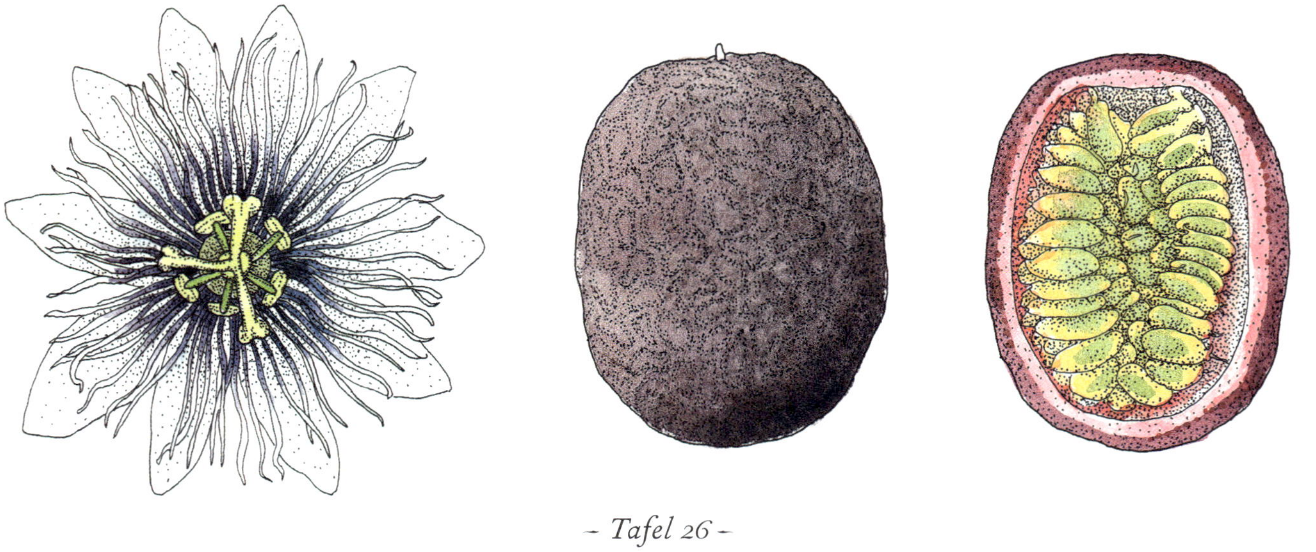

Rote Bete oder Rote Rübe

Wurzel der gleichnamigen Pflanze

Beta vulgaris

Diese Pflanze wird wegen ihrer Knolle angebaut, die man vor allem gekocht verzehrt. Aus ihrem Saft gewinnt man einen Farbstoff für Lebensmittel: E 162, auch Betanin oder Betenrot genannt.

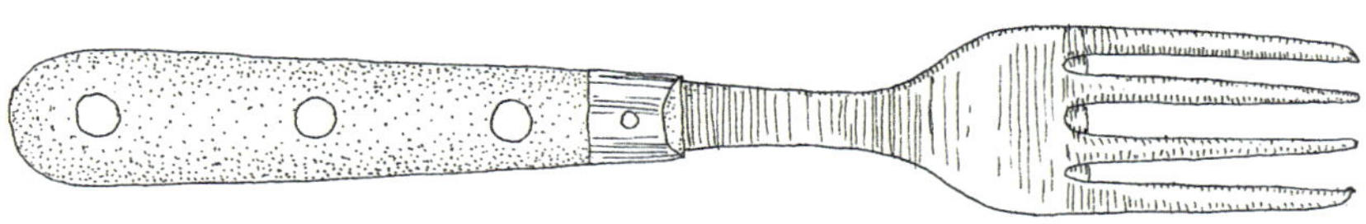

Aubergine oder Eierfrucht

Frucht der Aubergine

Solanum melongena

Von der meist eiförmigen, dunkelvioletten Frucht mit der glänzenden Schale ist der Name der Farbe Aubergine abgeleitet. Es gibt allerdings auch kugelförmige sowie weiße, gelbe oder gestreifte Auberginen. Die rohen Früchte sind nicht bekömmlich und sollten daher nur gekocht verwendet werden.

Mairübe

Wurzel der gleichnamigen Pflanze

Brassica rapa

Die weiße, rosafarbene oder blassgelbe Rübe hat nicht viel Eigengeschmack. Man verzehrt sie vor allem gekocht, gelegentlich aber auch roh geraspelt. In Europa spielte sie früher in der Ernährung eine große Rolle, wurde jedoch im 18. Jahrhundert von der Kartoffel verdrängt.

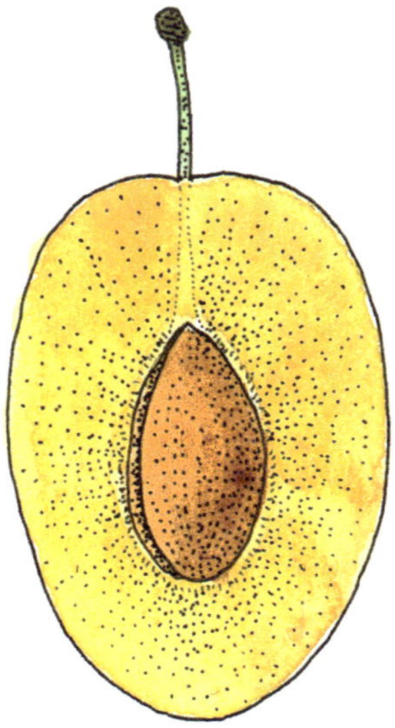

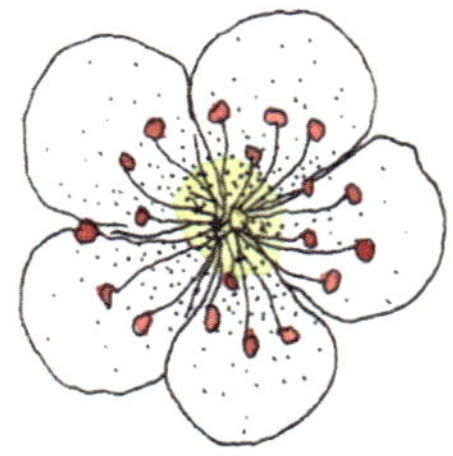

Pflaume

Frucht des Pflaumenbaums

Prunus domestica

Von diesem Obstbaum gibt es mehrere Sorten. Eine davon ist die Zwetschge, Zwetschke oder Zwetsche. Die beliebtesten Pflaumen sind länglich. Sie haben eine glatte, violett glänzende Haut und gelbes, süßes Fruchtfleisch.

Heidelbeere

Frucht des gleichnamigen Zwergstrauchs

Vaccinium myrtillus

Hier abgebildet sind die heimischen europäischen Heidelbeeren, die in Wäldern auf niedrigen Sträuchern mit glänzenden Blättern wachsen. Wenn sie reifen, werden die kleinen Beeren erst violett und dann schwarz. Die in Geschäften verkauften Heidelbeeren stammen von Kultursorten, die aus Amerika eingeführt wurden, und sind größer. Die Heidelbeere wird auch Blaubeere genannt, vor allem in Süddeutschland und der Schweiz, in Norddeutschland nennt man sie Bickbeere.

Olive

Frucht des Olivenbaums
oder Echten Ölbaums

Olea europea

Die grünen Oliven wurden gepflückt, bevor sie reif wurden. Die schwarzen Oliven waren zum Pflückzeitpunkt bereits schön reif. Olivenbäume wurden im Mittelmeerraum schon vor der Antike gepflanzt. Sowohl die Oliven als auch das aus ihnen gewonnene Öl sind sehr gesund.

Brombeere

Frucht der gleichnamigen Kletterpflanze

Rubus fruticosus

Ebenso wie die Himbeere ist auch die Brombeere eigentlich ein Gebilde aus vielen winzigen Früchten. Brombeeren werden in Obstgärten angebaut, wachsen aber auch wild in der Natur.

Schmetterling

Schwarze Johannisbeere

Frucht des gleichnamigen Strauchs

Ribes nigrum

An der schwarzen, säuerlich schmeckenden Beere kann man noch Reste der Blüte erkennen. Schwarze Johannisbeeren enthalten viel Vitamin C und sind sehr gesund.

Kohlweißling

Gemüsekohl

Blätter der gleichnamigen Pflanze

Brassica oleracea

Arten von Gemüsekohl sind zum Beispiel Wirsing, Weißkohl und Rotkohl. Ihre Blätter und Stiele sind so geformt, dass sie einen geschlossenen »Kopf« bilden.

Blumenkohl

Blütensprossen der gleichnamigen Pflanze

Brassica oleracea

Der »Kopf« des Blumenkohls wird von eng beieinanderstehenden weißen oder grünen Blütensprossen gebildet. Würde man den Kohl reifen lassen, dann könnten sich aus diesen Sprossen Blüten bilden. Er wird jedoch vor der Reife geerntet. Im Süddeutschen wird er auch Karfiol genannt.

Artischocke

Blütenstand der gleichnamigen Pflanze

Cynara scolymus

Die wohlschmeckende Artischocke ist der essbare Teil einer Distelart. Sie besteht aus einer sehr eng beieinanderstehenden, von Deckblättern umgebenen Gruppe kleiner Blüten. Man isst die Knospen, bevor sie aufblühen.

Distelfink, auch Stieglitz genannt

Lauch oder Porree

Blätter der gleichnamigen Pflanze

Allium porrum

Die langen, einander überlappenden Blätter stehen im unteren Teil der Pflanze so eng, dass sie einen festen, zylindrischen »Stängel« bilden. Man isst sowohl die grünen über der Erde wachsenden Blätter wie auch den zarteren weißen Teil.

- Tafel 36 -

Avocado

Frucht des gleichnamigen Baums

Persea americana

Diese große Beere mit dem fetthaltigen Fruchtfleisch enthält einen einzigen Kern. Avocados reifen nicht am Baum aus. Deshalb kauft man sie hart und lässt sie zu Hause reifen.

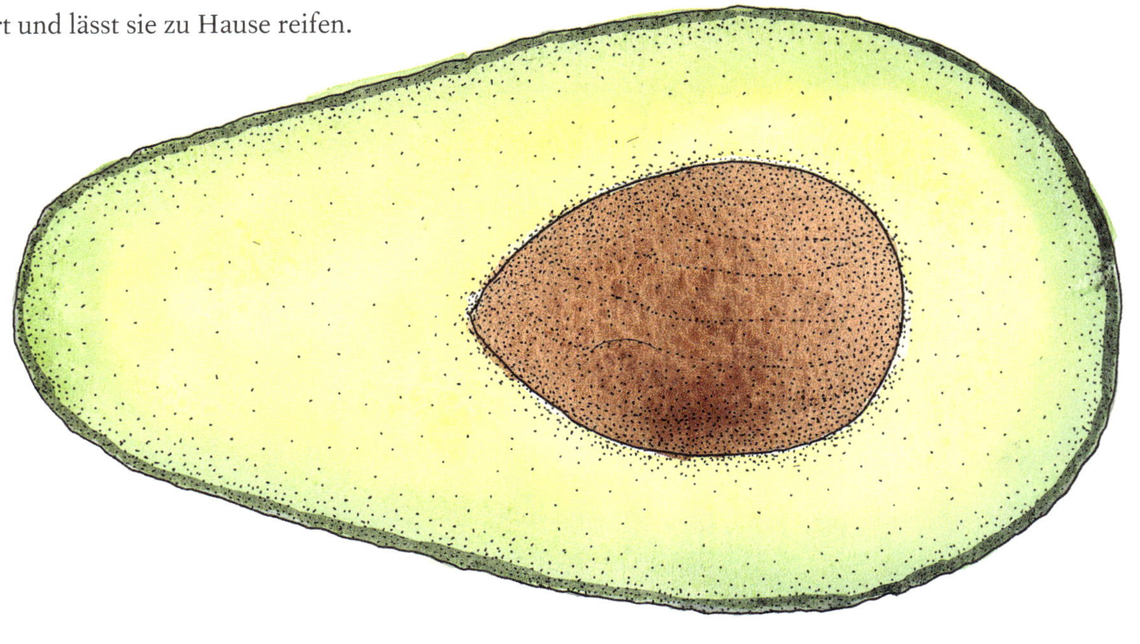

Linse

Samen der gleichnamigen Pflanze

Lens culinaris

Diese Pflanze wird 30 bis 40 cm hoch. Aus ihren weißen Blüten entwickeln sich Hülsen (längliche Früchte, die sich, wenn sie reif sind, auf beiden Seiten öffnen). In jeder Hülse sind zwei runde, flache Samen, die grün, gelb, braun oder orange sein können.

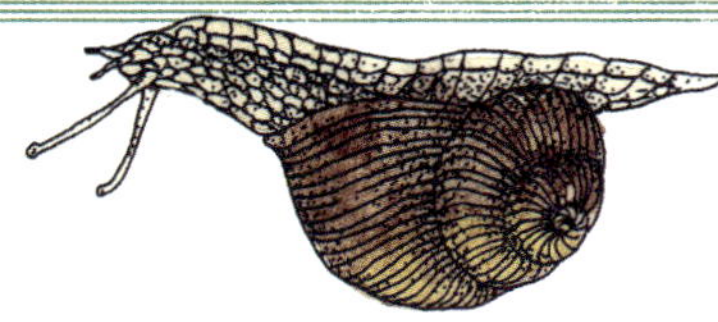

Salatarten

Als »grünen Salat« bezeichnen wir die essbaren Blätter verschiedener Pflanzen. Meist sind sie grün, aber auch weiß, wenn sie sehr dicht beieinander wachsen. Das Wort »Salat« ist vom lateinischen Wort *sal* für »Salz« abgeleitet.

Abb. 1

Feldsalat

Valerianella locusta und *Valerianella eriocarpa*

Feldsalat wird je nach Region auch Rapunzel, Ackersalat, Vogerlsalat oder Mäuseöhrchensalat genannt.

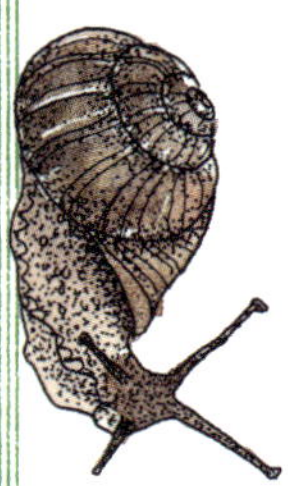

Abb. 2

Kopfsalat

Lactuca sativa

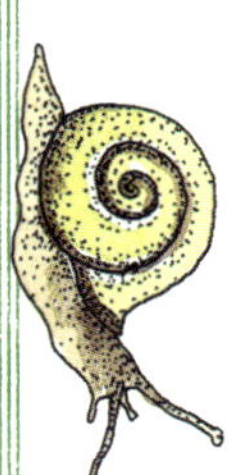

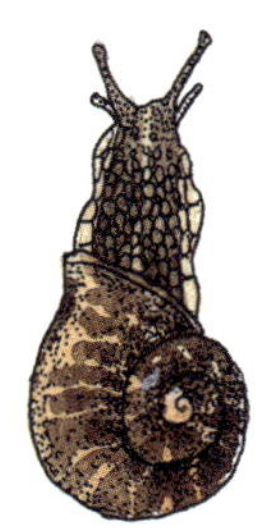

Abb. 3

Löwenzahn

Taraxacum officinale

Schnecken

Spinat

Blätter der gleichnamigen Pflanze

Spinacia oleracea

Gute Ernten erzielt man nur, wenn man die Blätter des Spinats regelmäßig abschneidet. Nach dem Schnitt wachsen neue, zarte junge Blätter nach.

Erbsen

Samen der Speiseerbse

Pisum sativum

Die Erbsen, die wir frisch, gefroren oder in Dosen kaufen, wurden jung gepflückt, also noch bevor sie richtig reif waren. Die reifen Erbsen werden getrocknet. Man kann sie z. B. für Erbspüree und Erbsensuppe verwenden. Eine Hülse enthält zwei bis zehn Erbsen.

Marienkäfer

Kiwi oder Chinesische Stachelbeere

Frucht der Kiwi

Actinidia deliciosa oder *Actinidia chinensis*

Diese Frucht mit den zahlreichen kleinen Kernen entwickelt sich aus den Blüten der weiblichen Lianenpflanze und enthält sehr viele Vitamine (u. a. doppelt soviel Vitamin C wie Orangen). Die Kiwi stammt zwar aus China, doch in großem Maßstab wurde der Anbau erst im 20. Jahrhundert in Neuseeland betrieben. Der gleichnamige Vogel ist Wappenvogel Neuseelands.

Kiwi

Gurke

Früchte von Varianten der gleichnamigen Pflanze

Cucumis sativus

Ob groß oder klein, krumm oder gerade gewachsen: alle Gurken sind die Früchte derselben Pflanzenart aus der Familie der Kürbisgewächse. Die kleineren Gurkensorten mit stachelig oder warzig wirkender Haut werden sauer oder salzig eingelegt. Die großfrüchtigen Salatgurken werden für Salate verwendet oder auch als Gemüse zubereitet.

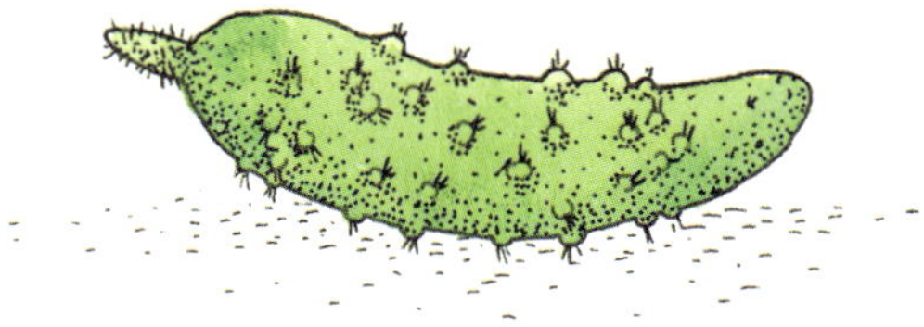

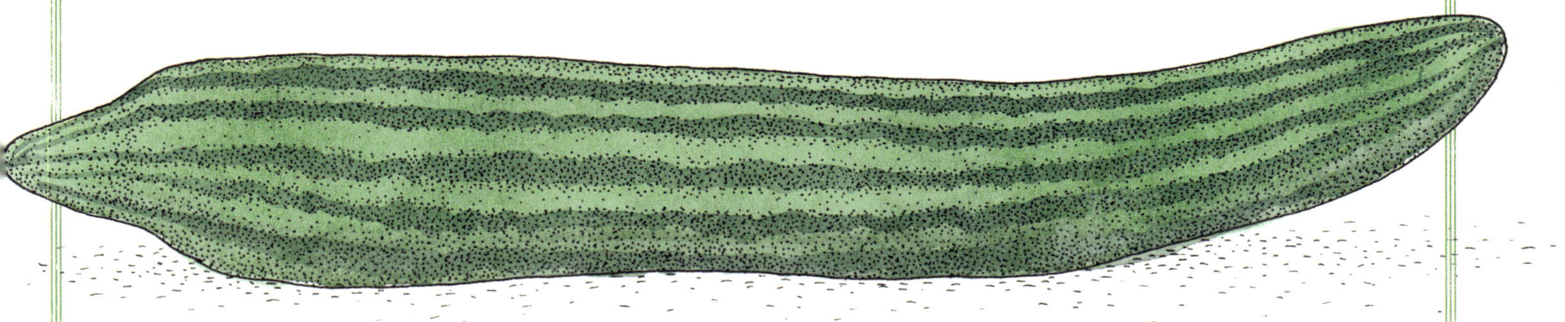

Ameisen

Grüne Bohne

Hülsen und Samen der Gartenbohne

Phaseolus vulgaris

Die Gartenbohne wurde ursprünglich von den Indianern Südamerikas angebaut. In Europa lernte man sie erst im 17. Jahrhundert kennen. Je nach Sorte erntet man entweder die jungen, noch nicht ausgereiften Hülsen oder aber die dicken, reifen Samen oder Bohnenkerne.

Zucchini

Frucht der gleichnamigen Pflanze

Cucurbita pepo

Zucchini sind ebenso wie Kürbisse Sorten ein und derselben Pflanzenart. Im Grunde sind Zucchini nichts anderes als kleine Kürbisse. Gewöhnlich sind sie länglich und grün. Die reifende Frucht bleibt lange mit der weiblichen Blüte verbunden, aus der sie sich entwickelt hat. Auch diese Blüte kann man essen. Frittiert schmeckt sie sehr gut.

Sternfrucht oder Karambole

Frucht der gleichnamigen Pflanze

Averrhoa carambola

Diese gelbe, säuerliche Beere kam aus Asien zu uns. Wenn man sie quer durchschneidet, erhält man sternförmige Scheiben. Man isst sie roh oder trinkt ihren Saft.

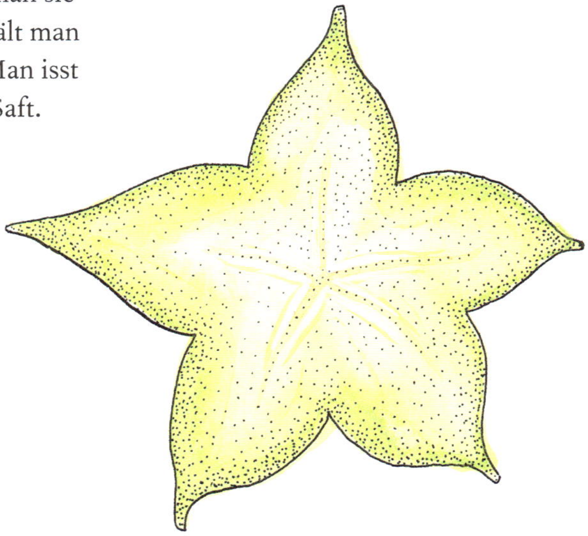

Weintrauben

Früchte der Weinrebe

Arten der Gattung *Vitis*

Die süß schmeckenden Beeren bilden eine Traube, die an der Ranke einer Weinrebe hängt. Die Sorten, die man als Obst verzehrt, werden unter dem Begriff »Tafeltrauben« zusammengefasst.

Abb. 1

Gute Luise

Eichhörnchen

Abb. 2

Rocha

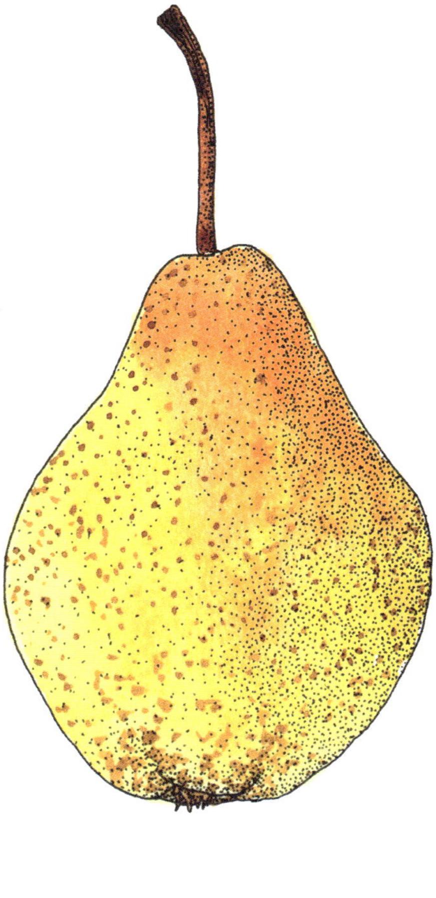

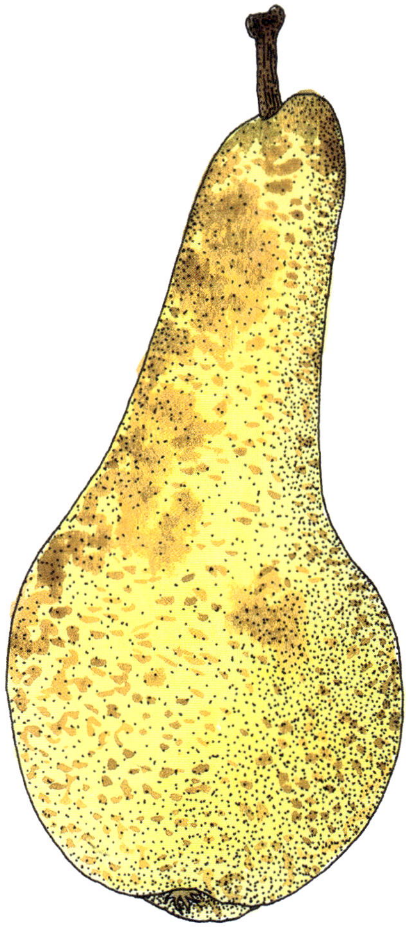

Abb. 4

Williams Christ

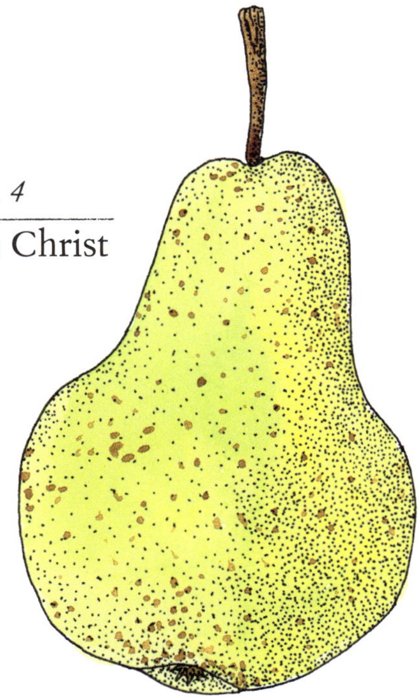

Abb. 3

Abate Fetel

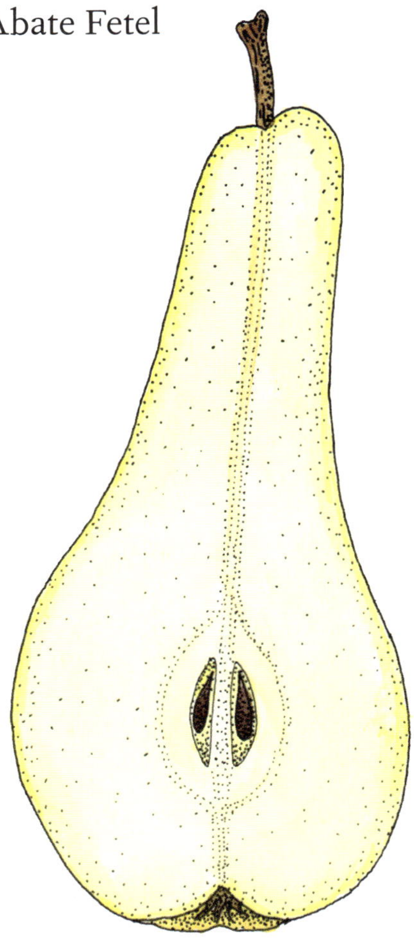

Birne

Frucht des Birnbaums

Pyrus communis

Die Birne gehört derselben Familie an wie der Apfel und zählt zum sogenannten Kernobst. Die Schale fällt bei den einzelnen Sorten sehr unterschiedlich aus, die Geschmackspalette reicht von süß bis säuerlich.

Okra oder Gemüse-Eibisch

Frucht der gleichnamigen Pflanze

Abelmoschus esculentus

Diese Frucht mit der seidigen Haut entsteht aus einer gelben Blüte mit fünf Kronblättern. Die Frucht wächst nach oben und ist eine Kapsel: Wenn sie reif und trocken ist, öffnet sie sich, sodass die Samen herausfallen können. Man erntet sie vor der Reife, wenn sie noch nicht länger als zehn Zentimeter ist. Dann ist sie noch schön zart.

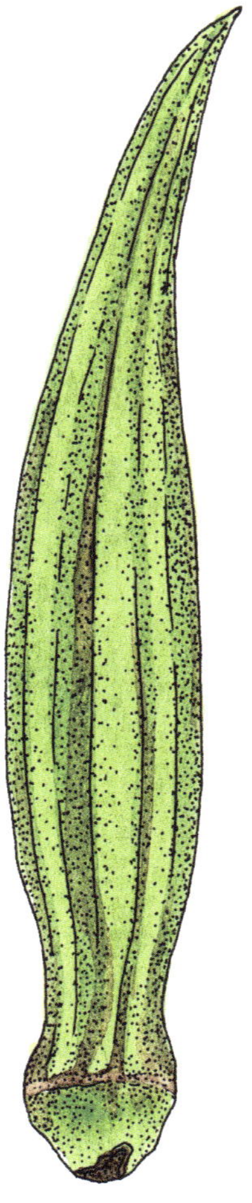

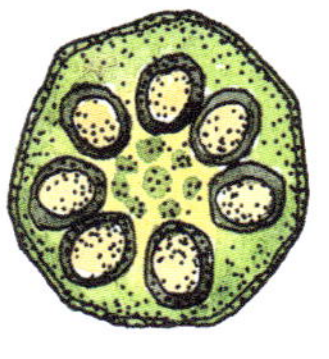

Quitte

Frucht des Quittenbaums

Cydonia oblonga

Die Schale ist samtig und riecht gut, das Fruchtfleisch ist hart und sauer. Manche Sorten kann man auch roh essen, aber erst, wenn sie überreif sind. Die Früchte aller Sorten werden gekocht, um daraus Gelee, Marmelade oder Konfitüre herzustellen.

Zitrone

Frucht der gleichnamigen Pflanze

Citrus limonum

Aus der glattschaligen Frucht gewinnt man einen sehr vitaminreichen, sauren Saft. Wie alle Zitrusfrüchte stammt auch die Zitrone aus Asien. Limetten sind die Früchte anderer Arten.

Banane

Frucht der Bananenstaude

Arten der Gattung *Musa*

Die Banane, die wir essen, ist im eigentlichen Sinn keine Frucht: Sie entwickelt sich aus einer nicht befruchteten weiblichen Blüte und hat deshalb auch keine Kerne. Die Banenen wachsen in einem Verbund aus ca. zehn bis zwölf Fruchtständen und haben Ähnlichkeit mit nach oben zeigenden Fingern. So einen Verbund nennt man deshalb »Bananenhand«.

Ananas

Fruchtverband der gleichnamigen Pflanze

Ananas comosus

Die blauen Blüten dieser Pflanzen welken nach nur einem Tag. Aus ihnen entstehen kleine, kegelförmige Früchte, die zusammenwachsen. Deshalb ist die Ananas ein Verbund von vielen Einzelfrüchten. Ihr Name kommt aus einer alten südamerikanischen Indiosprache und bedeutet: »Duft der Düfte«.

Getreide

Früchte der gleichnamigen Pflanzen. Arten der Familie der *Poaceae* oder Süßgräser

Abb. 1

Hartweizen

Triticum durum

Hartweizensamen werden zu Grieß oder zu Mehl für Nudeln zermahlen. Für Brot und Kuchen verwendet man Mehl aus Weichweizen, einer anderen Weizenart (*Triticum aestivum*).

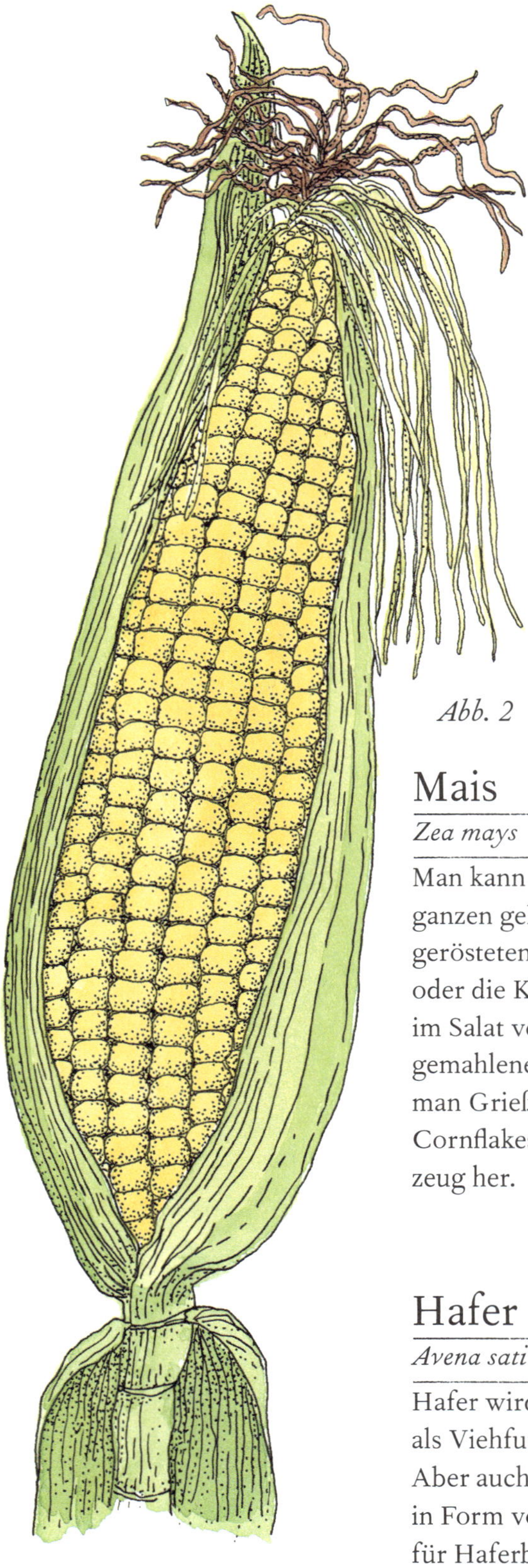

Abb. 2

Mais

Zea mays

Man kann vom Mais den ganzen gekochten oder gerösteten Kolben essen oder die Körner z. B. im Salat verspeisen. Aus gemahlenem Mais stellt man Grieß, Mehl für Cornflakes oder Knabberzeug her.

Abb. 3

Hafer

Avena sativa

Hafer wird vor allem als Viehfutter angebaut. Aber auch wir essen ihn in Form von Haferflocken für Haferbrei oder Müsli.

Abb. 4

Gerste

Hordeum vulgare

Gerste zählt zu den ältesten Getreidearten, die vom Menschen angebaut werden. Sie ist eine Grundzutat für Bier.

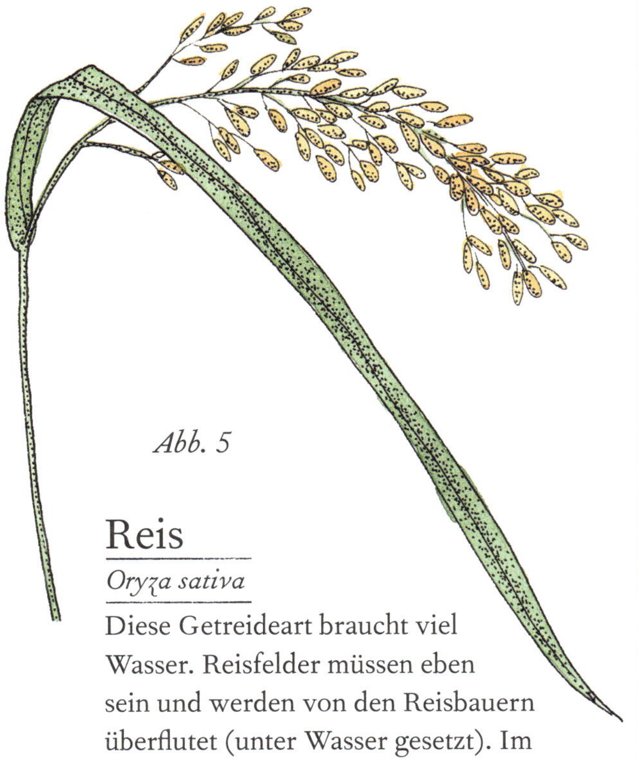

Abb. 5

Reis

Oryza sativa

Diese Getreideart braucht viel Wasser. Reisfelder müssen eben sein und werden von den Reisbauern überflutet (unter Wasser gesetzt). Im Handel erhältlich sind der vitaminreichere braune, ungeschälte Reis und der weiße Reis, bei dem durch Polieren das umgebende Häutchen entfernt wurde.

Abb. 6

Sorghumhirse

Sorghum bicolor

Hirse stammt aus Afrika. Ihre Körner werden ganz oder als Mehl zu Breien, Fladen und Bier verarbeitet.

Feldmaus

Apfel

Frucht des Apfelbaums

Malus domestica

Es gibt auf der Welt Tausende von Apfelsorten. Die Schale dieser Kernfrucht kann glatt oder rau, gelb, grün oder rot sein. Man isst Äpfel meist roh, aber auch gekocht oder gebraten. Aus sauren Sorten wird Apfelwein hergestellt.

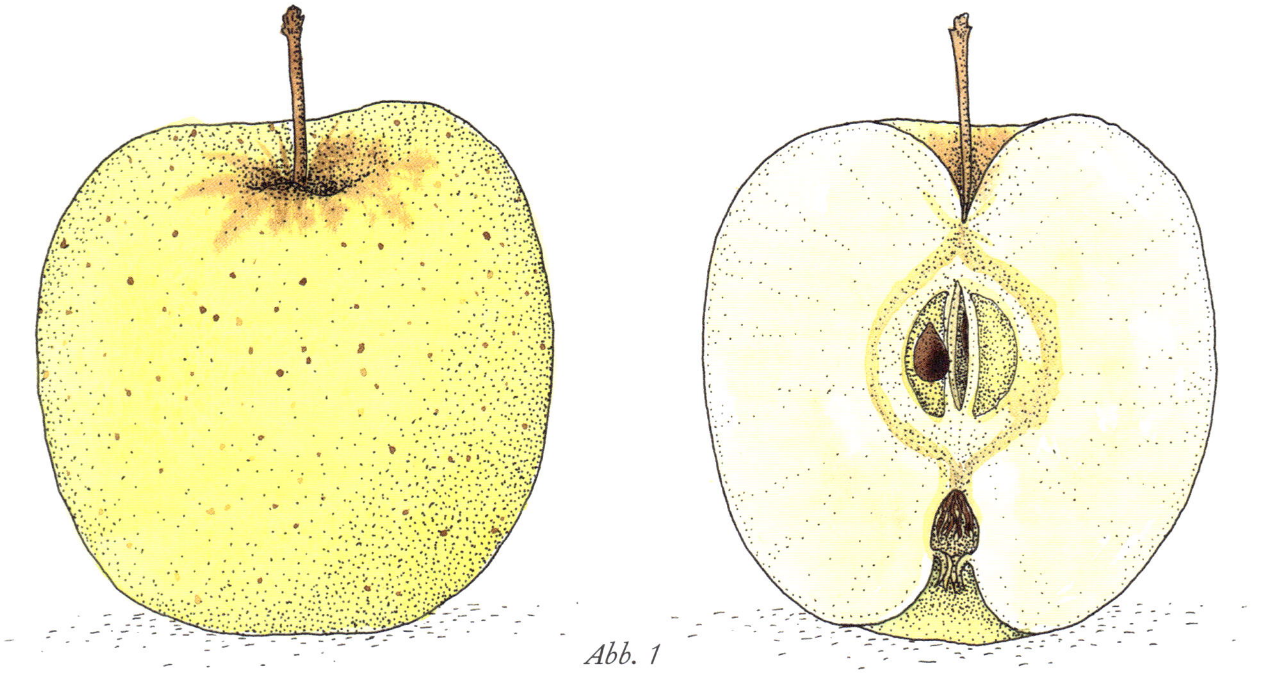

Abb. 1

Golden Delicious

Abb. 2

Renette Clochard

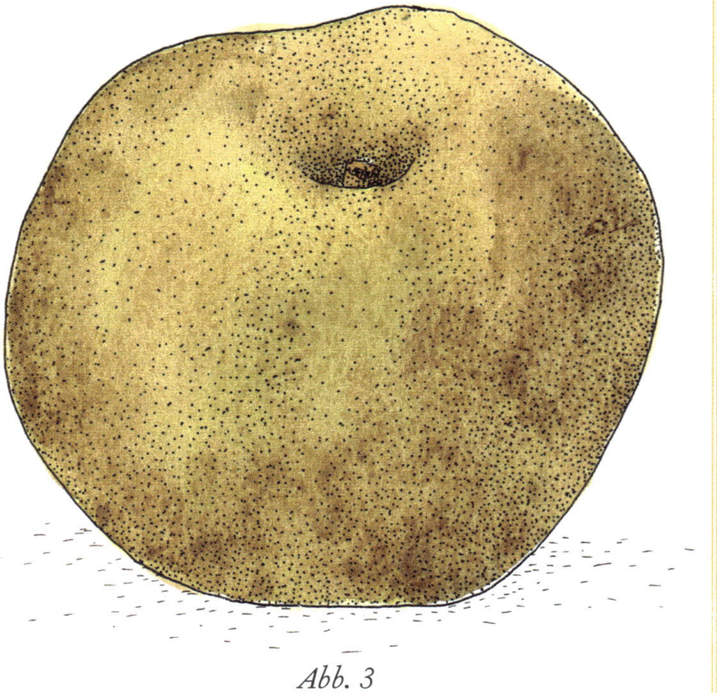

Abb. 3

Graue Herbstrenette

Chicorée

Blattknospe der Gemeinen Wegwarte oder Zichorie

Cichorium intybus

Um den Chicorée zu erhalten, den wir im Geschäft kaufen, verpflanzt man die von den grünen Blättern befreite Pflanze an einen dunklen Ort. Daraufhin entwickelt sich über der Wurzel eine außergewöhnlich dicke Blattknospe. Weil sich aufgrund des Fehlens von Licht das Chlorophyll, der grüne Farbstoff der Pflanzen, nicht bilden konnte, ist die Knospe weiß bis gelblich. Chicorée wird roh oder gedünstet verzehrt.

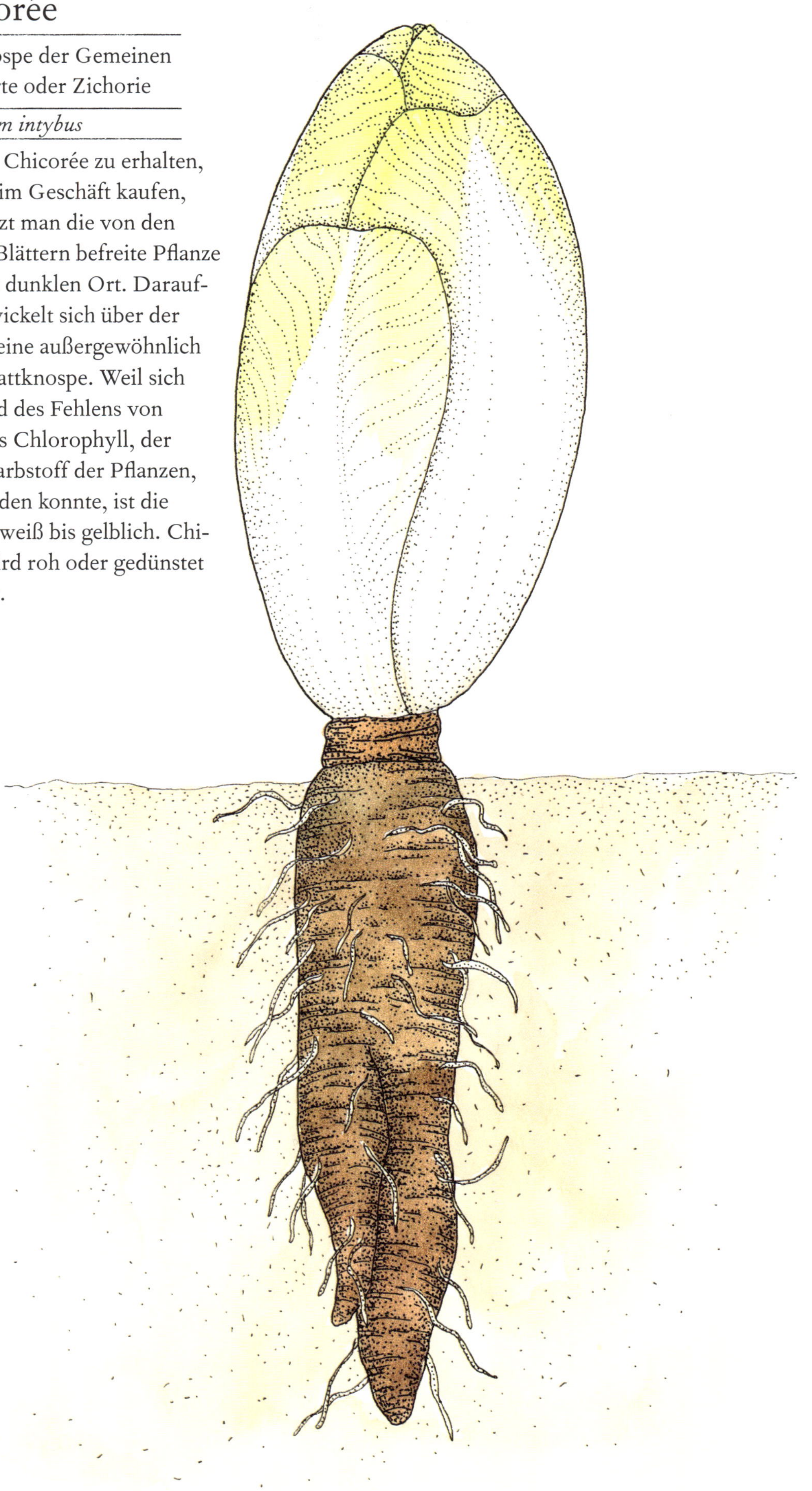

Patisson

Frucht der gleichnamigen Pflanze

Cucurbita pepo

Der Patisson ist ein abgeflachter Kürbis, dessen Geschmack an den von Artischocken erinnert. Am bekanntesten sind die Sorten mit weißen Früchten, aber es gibt auch gelbe, grüne oder orangefarbene Patissons.

Tee

Blätter des Teestrauchs

Camellia sinensis

Um Tee zu trinken, braucht man nur die verarbeiteten Blätter dieses Strauchs mit kochendem Wasser zu übergießen. Aus unterschiedlichen Verarbeitungsmethoden entstehen verschiedene Teetypen, wie z. B. Grüner Tee, Weißer Tee und Schwarzer Tee.

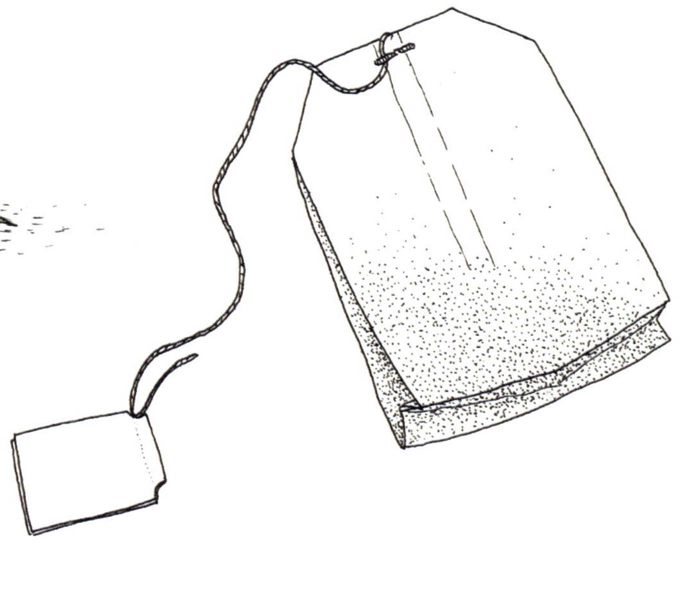

Schalenfrüchte

Von diesen Früchten isst man nur den Samen, der von einer sehr harten Schale umgeben ist. Botaniker sprechen daher auch von Samenobst.

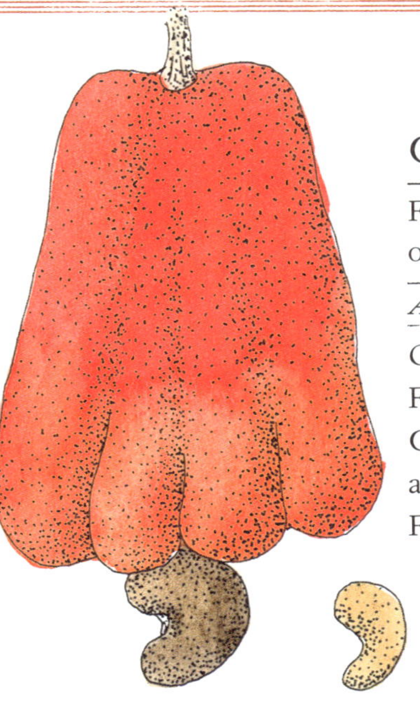

Abb. 1

Cashew

Frucht des Cashewbaums oder Acajubaums

Anacardium occidentale

Oberhalb der eigentlichen Frucht, der Nuss, sitzt der Cashewapfel. Er ist nichts anderes als der verdickte Fruchtstiel.

Walnuss

Frucht der Echten Walnuss (des Walnussbaums)

Juglans regia

Abb. 2

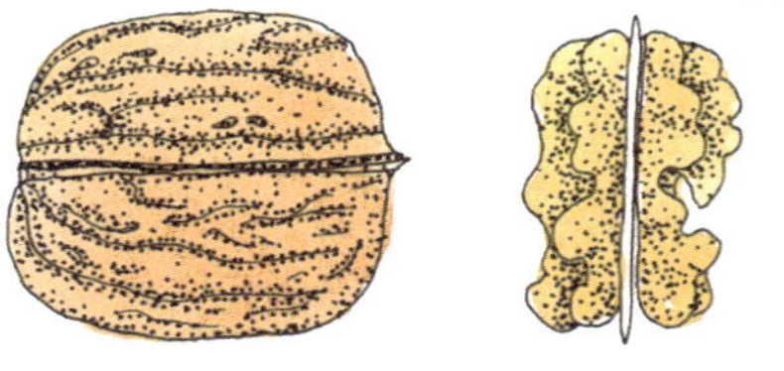

Abb. 3

Kokosnuss

Frucht der Kokospalme

Cocos nucifera

Die Kokosnuss ist trotz ihres Namens im botanischen Sinn keine Nuss, sondern eine Steinfrucht.

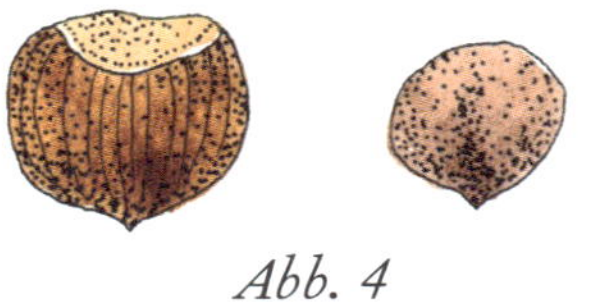

Abb. 4

Haselnuss

Frucht der Gemeinen Hasel (des Haselnussstrauchs)

Corylus avellana

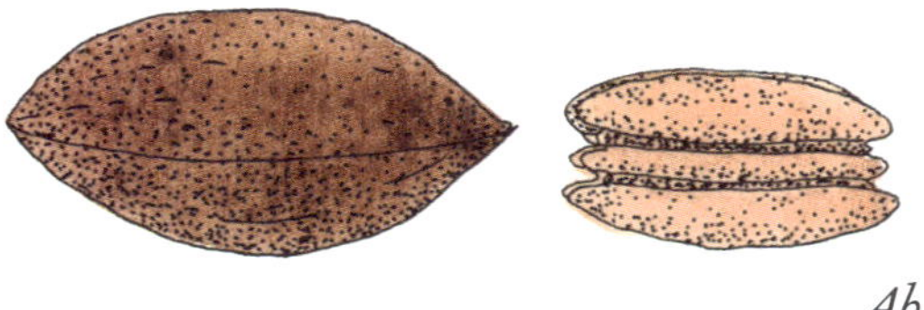

Abb. 5

Pekannuss

Frucht des Pekannussbaums

Carya illinoensis

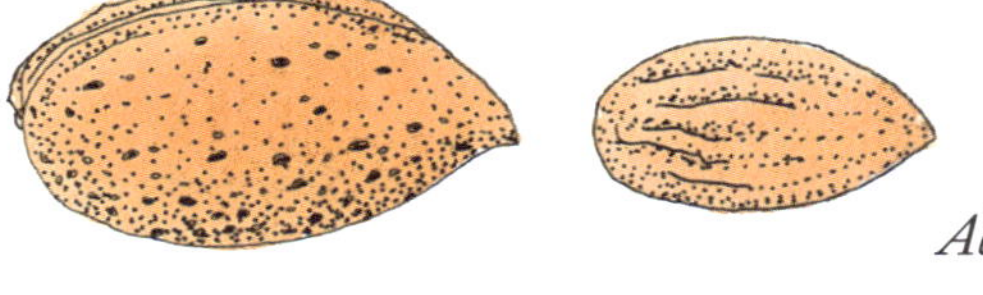

Abb. 6

Mandel

Steinkern der Frucht des Mandelbaums

Prunus dulcis oder *Prunus amygdalus*

Was wir als Mandel, z. B. auch geröstet, verzehren, ist der Samen der Steinfrucht.

Dattel

Frucht der Echten Dattelpalme

Phoenix dactylifera

Datteln sind sehr süße Beeren, die an traubenartigen Fruchtständen hängen. Der Kern ist der Samen. Die Dattelpalme zählt zu den ältesten Nutzpflanzen und wurde bereits vor ungefähr 8000 Jahren angebaut.

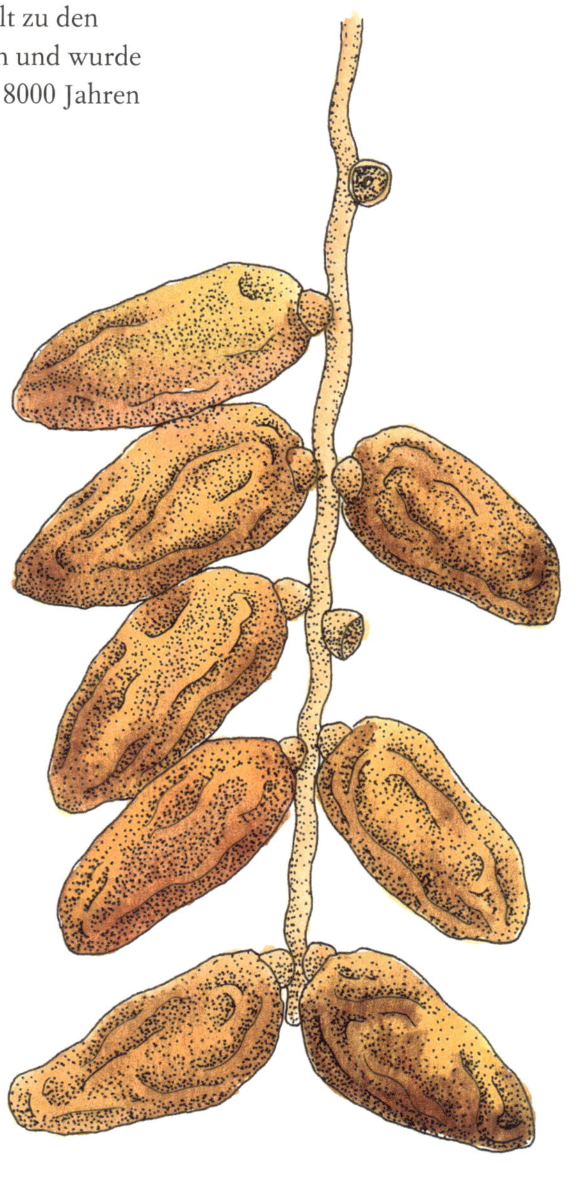

Kartoffel

Knolle der gleichnamigen Pflanze

Solanum tuberosum

Eine Knolle ist ein Organ, das Nährstoffe für die Pflanze speichert. Wenn man Kartoffeln anbauen will, muss man Saatkartoffeln in die Erde eingraben. Nach einigen Monaten entwickeln sich aus ihnen Pflanzen, die unter der Erde viele neue Knollen ausbilden. Die Kartoffel stammt aus den südamerikanischen Anden. In Europa wird sie erst seit dem 18. Jahrhundert als Nutzpflanze angebaut.

Kartoffelkäfer

Mispel

Frucht der Echten Mispel

Mespilus germanica

An der kleinen runden Mispel sind noch die fünf braungrünen Kelchblätter der Blüte sichtbar, aus der die Frucht entstand. Nur durch Frost oder längeres Lagern werden Mispeln weich und dadurch essbar.

Gewürzvanille

Frucht der gleichnamigen Pflanze

Vanilla planifolia

Die Vanille ist eine Kletterpflanze aus der Familie der Orchideen. Sie bringt Samenkapseln hervor, in denen die kleinen schwarzen Samen sitzen. Diese Vanilleschoten genannten Samenkapseln verwenden wir als Gewürz. Die spanischen Eroberer machten die von Azteken angebaute Pflanze im frühen 16. Jahrhundert in Europa bekannt.

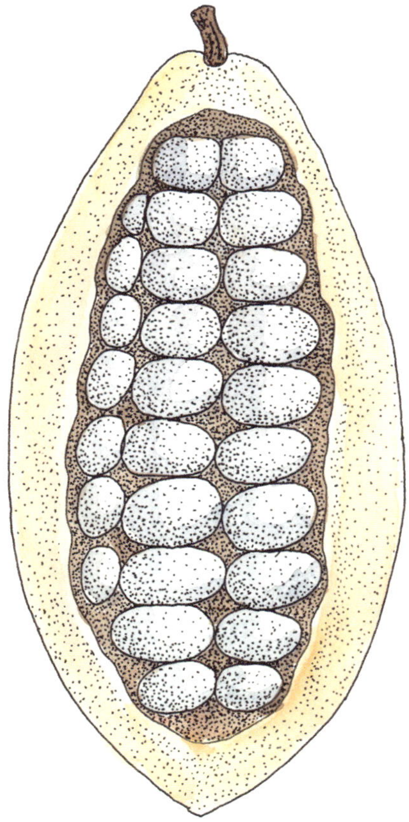

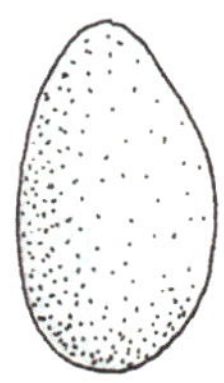

Kakao

Samen des Kakaobaums

Theobroma cacao

Die Frucht des Kakaobaums ist rot, gelb, orangefarben oder violett und wächst direkt aus dem Stamm heraus. Sobald sie reif ist, wird sie mit der Machete abgeschnitten. Jede Frucht enthält etwa 30 von weißem Fruchtfleisch umhüllte Samen. Man lässt sie erst gären. Danach werden sie getrocknet und geröstet und anschließend zu Kakaomasse und Kakaobutter verarbeitet. Beide sind Grundzutaten von Schokolade.

Judasohr

Auricularia auricula-judae

Abb. 1

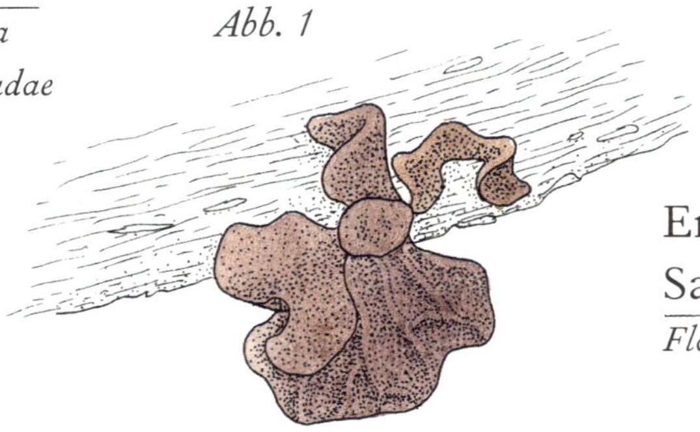

Abb. 2

Enokitake oder Samtfußrübling

Flammulina velutipes

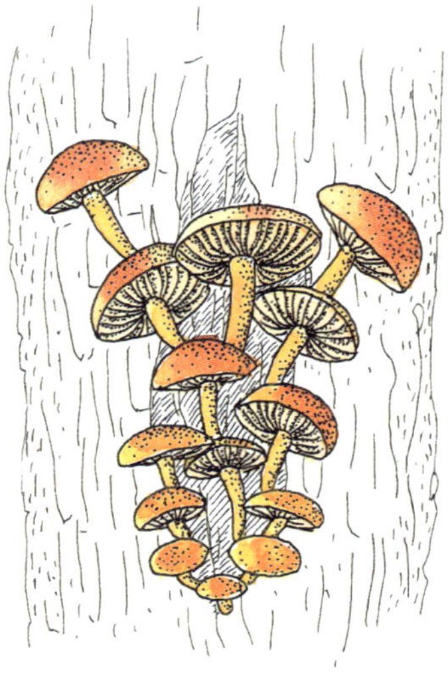

Essbare Pilze

Pilze sind Lebewesen, aber sie besitzen weder Blätter noch Wurzeln, weder Früchte noch Samen. Sie zählen weder zum Tierreich noch zum Pflanzenreich, sondern bilden ein eigenes Pilzreich. Dennoch wollen wir ihnen hier in diesem Buch eine Seite widmen. Aber Achtung: nicht alle Pilze sind essbar, einige sind sogar hochgiftig! Pilze aus dem Wald sollte man nur sammeln, wenn man sich damit auskennt oder einen Experten zur Seite hat!

Abb. 3

Wiesenchampignon oder Feldegerling

Agaricus campestris

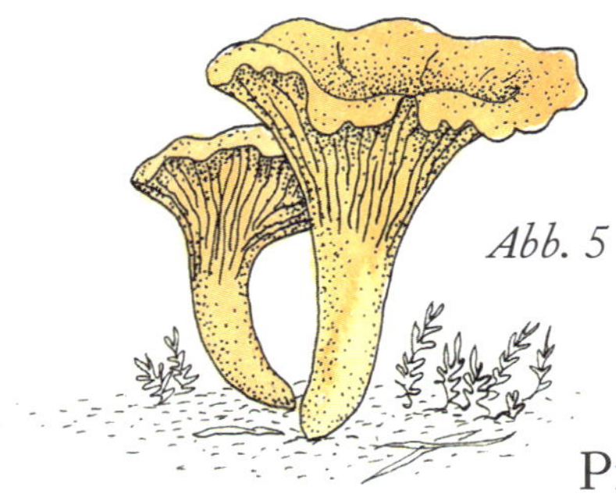

Abb. 5

Pfifferling

Cantharellus cibarius

Abb. 4

Toten- oder Herbsttrompete

Craterellus cornucopioides

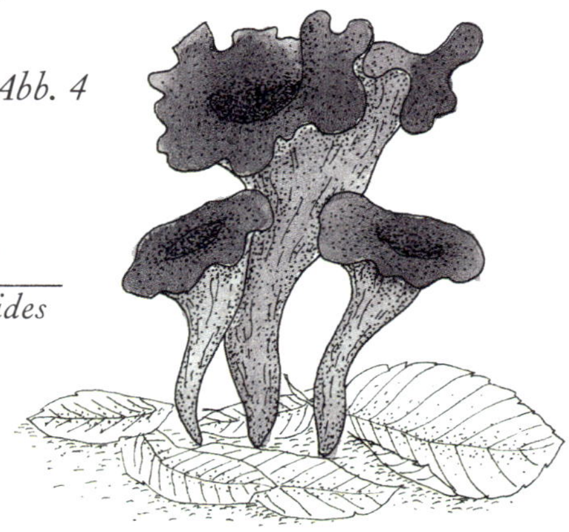

Igel

Abb. 6

Maronenröhrling oder Marone

Xerocomus badius

REGISTER

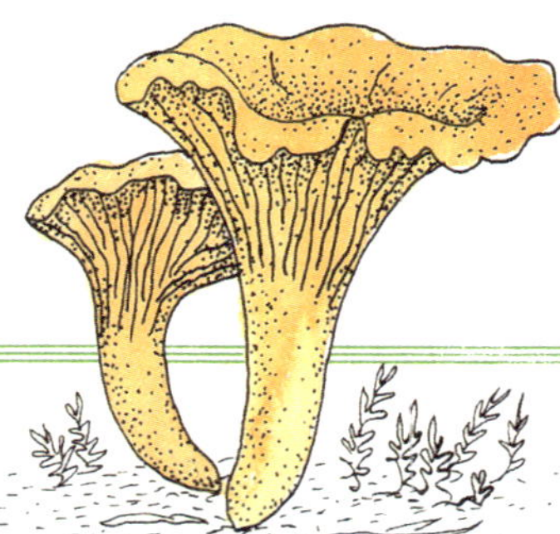

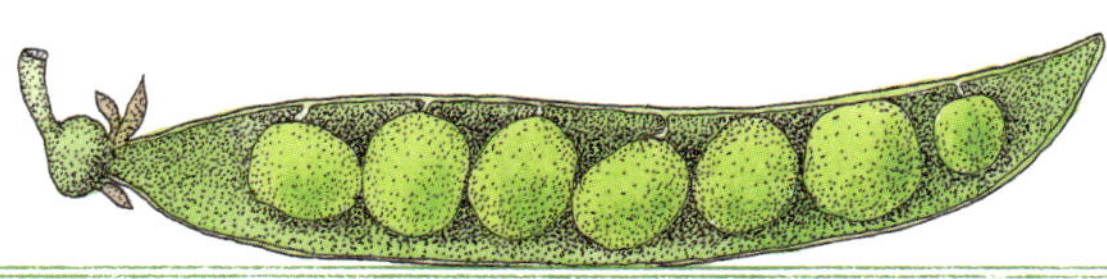